역사를 빛낸
여자의 힘

《역사를 빛낸 여자의 힘》은
초등학교 교과서의 이런 단원과 관련이 깊어요

📖 6학년 1학기 국어
   1. 상상의 세계
     〈선덕 여왕〉

📖 4학년 2학기 사회
   3. 사회 변화와 우리 생활
     (2) 성 역할의 변화

📖 5학년 2학기 사회
   1. 조선 사회의 새로운 움직임
     (2) 달라지는 경제 생활과 신분 질서

📖 2학년 2학기 바른 생활
   3. 아름다운 우리나라

오십 빛깔 우리 것 우리 얘기 ④

역사를 빛낸

여자의 힘

우리누리 글 • 이선주 그림

주니어 중앙

추천의 말

어린이가 꿈을 키우는 터전

꿈 많은 어린 시절엔 장대한 역사와 위대한 문화유산에 관한
책을 읽는 것이 좋다.
거기에는 어린이가 꿈을 키우는 터전이 있기 때문이다.
감수성 예민한 어린 시절엔 흥미로운 그림을 통하여
재미있게 이야기를 풀어 간 책이 좋다.
그것은 시각적 인식을 통해 어린이의 상상력을 자극하기 때문이다.
『오십 빛깔 우리 것 우리 얘기』는 이런 필요조건을 갖춘
고급 어린이 교양도서라 할 만한 것이다.

유홍준
(전 문화재청장, 현 명지대 교수,
『나의 문화유산 답사기』 저자)

이 책을 추천해 주신 선생님들

● 전래 놀이, 풍속과 관련된 수업에 활용하고 있습니다. 옛 풍속과 관련해서 요즘에는 잘 사용하지 않는 용어들이 있어서 아이들이 어려워하는데, 이 책에는 사진 자료와 함께 쉽고 정확하게 설명이 되어 있어 아이들이 이해하기 쉽게 되어 있습니다.
— 손영수 선생님(가사초등학교)

● 아이들이 우리의 전통문화를 쉽게 접할 수 있도록 도움을 주는 소중한 자료입니다. 우리 학교의 독서 퀴즈 대회에서 매년 사용하는 책이랍니다.
— 성주영 선생님(도당초등학교)

● 우리의 옛 풍습과 문화, 관혼상제 등에 대해 자세히 설명되어 있어 수업을 하기 전에 미리 읽어 오라고 하는 도서입니다.
— 전은경 선생님(용산초등학교)

● 우리의 문화와 역사를 초등학생들이 이해하기 쉽도록 재미있는 옛이야기로 풀어낸 점이 가장 마음에 듭니다. 초등 교과와 연계된 부분이 많아 학교 수업에 많이 활용하는 도서입니다.
— 한유자 선생님(삼일초등학교)

김임숙 선생님(팔달초)	조윤미 선생님(화양초)	이경혜 선생님(군포초)	염효경 선생님(지동초)
오재민 선생님(조원초)	박연희 선생님(우이초)	박혜미 선생님(대평중)	이진희 선생님(수일초)
최정희 선생님(온곡초)	정경순 선생님(시흥초)	박현숙 선생님(중흥초)	김정남 선생님(외동초)
이광란 선생님(고리울초)	김명순 선생님(오목초)	신지연 선생님(개포초)	심선희 선생님(상원초)
문수진 선생님(덕산초)	정지은 선생님(세검정초)	정선정 선생님(백봉초)	김미란 선생님(둔전초)
김미정 선생님(청덕초)	조정신 선생님(서신초)	김경아 선생님(서림초)	김란희 선생님(유덕초)
정상각 선생님(대선초)	서흥희 선생님(수일중)	윤란희 선생님(안산시근로자시민문화센터어린이도서관)	

『오십 빛깔 우리 것 우리 얘기』를 펴내며
향기를 오롯이 담아낸 그릇

　『오십 빛깔 우리 것 우리 얘기』 시리즈가 처음 출간된 지 어느덧 16년이 되었습니다. 그동안 수많은 어린이와 부모님 그리고 선생님들의 사랑을 받으며 전 50권이 완간되었고, 어린이 옛이야기 분야의 고전(古典)이자 스테디셀러로 굳건히 자리매김해 왔습니다.

　이 시리즈는 '소중히 지켜야 할 우리 것'에 대한 이야기를 어린이를 위해 '쉽고 재미있게' 풀어쓴 책입니다. 내용으로는 선조들의 생활과 풍습 이야기, 문화재와 발명품 이야기, 인물과 과학기술·예술작품 이야기, 팔도강산과 고유 동식물 이야기 등 우리나라 역사와 전통문화 모든 영역을 총망라하고 있습니다. 그리고 이를 50가지 주제로 엮어 저학년 어린이도 얼마든지 볼 수 있도록 맛깔나는 옛이야기로 담아냈습니다. 장대한 역사와 위대한 문화유산을 배우기에 옛이야기만큼 좋은 형식도 없기 때문입니다.

　대한민국 국민으로서 알아야 하고 전해야 할 우리 것, 우리 얘기는 아주 많습니다. 그동안 이 시리즈를 통해 많은 어린이가 우리 것을 알게 되고, 우리 얘기를 사랑하게 되었을 것입니다. 시간이 흘러도 역사와 전통문화의 향기는 변하지 않기 때문입니다.

하지만 저희는 그 향기를 담아내는 그릇이 그간 색이 바래고 빛을 잃었다는 사실에 가슴이 아프고 안타까웠습니다. 그래서 책에서 전하는 우리 것의 향기를 오롯이 담아낼 수 있는 새로운 그릇을 찾고자 하였습니다. 그 그릇을 통해 향기가 더욱 그윽해지고 멀리까지 퍼져서 수백 년, 수천 년 전의 우리 것이 오늘날에도 살아 숨 쉴 수 있도록 생명력을 주고자 하였습니다.

이에 몇 가지 원칙을 가지고 『오십 빛깔 우리 것 우리 얘기』 시리즈를 새롭게 출간하게 되었습니다.

◎ **원작이 가지는 옛이야기의 맛과 멋을 그대로 살렸습니다.**
◎ **요즘 독자들의 감각에 맞추어 디자인과 그림을 50권 전권 전면 개정하였습니다.**
◎ **교과 학습의 길잡이가 될 수 있도록 연계 교과를 표시하였습니다.**
◎ **학습정보 코너는 유익함과 재미를 함께 줄 수 있도록 4컷 만화, 생생 인터뷰, 묻고 답하기 등으로 내용을 재구성하였고, 최신 정보와 사진을 수록하였습니다.**
◎ **도표, 연표, 역사신문, 체험학습 등으로 권말부록을 풍성하게 꾸며서 관련 교과 학습을 강화하였습니다.**

이 책을 처음 읽었을 8살 꼬마 독자는 지금쯤 나라와 민족에 긍지를 가진 25살 자랑스러운 대한민국 청년이 되었을 것입니다. 그 청년이 부모가 되어서도 자녀에게 다시 권할 수 있는 그런 책이 되기를 바라며, 이 시리즈를 오십 빛깔 그릇에 정성껏 담아 내어놓습니다.

주니어중앙

글쓴이의 말

세상을 바꾼 한국의 여성

한번 상상해 보세요. 이 세상에 남자만 살거나 여자만 산다면 어떨까요? 모두 나와 똑같은 성별을 가진 사람만 살고 있다면 세상은 정말 지루하고 재미없을 거예요.

다행히 이 세상에는 여성과 남성이 함께 어울려 살고 있어요. 여성과 남성은 서로 조화를 이루며 균형 잡힌 인류 문명을 꽃피워 나가야 할 동반자이자 협력자랍니다. 하지만 불행하게도 세계의 역사 속 어디에서도 여성과 남성이 온전한 협력자의 모습으로 살았던 적이 없어요. 동양이든 서양이든 혹은 옛날이든 지금이든 말이지요.

오랜 역사에도 여성이 남성보다 지위가 높았던 적이 없어요. 심지어 남성과 똑같은 지위를 누린 적도 거의 없었지요. 여성은 늘 남성이 정해 놓은 법과 규칙에 순종하며 살아야 했답니다.

그러나 현대에 들어오면서 사람들은 이러한 관계가 잘못되었다는 것을 깨닫게 되었어요. 인류가 다 같이 건강하고 행복해지려면 남녀

  모두가 평등한 사회가 되어야 한다는 것을 알게 된 거지요.
  하지만 이런 깨달음에 이르기까지 수많은 여성이 그 속한 사회에서 끝없는 비난과 조롱을 참아 내야 했답니다. 그렇게 자신에게 주어진 재능과 의지를 버리지 않고 끝까지 노력하였기 때문에 세상을 놀라게 하고 변화시킬 수 있었던 것이지요.
  자, 이제 차별과 억압에 당당히 맞섰던 우리나라의 위대한 여성들의 이야기를 들어 보아요. 그들이 내디딘 한 걸음 한 걸음이 바로 우리 사회를 평등한 길로 이끌어 준 소중한 발자취랍니다.

어린이의 벗 우리누리

차례

 우리나라 최초의 여왕 선덕여왕 12
백두 낭자 · 한라 도령의 역사 인물 인터뷰
신분제도 덕분에 여왕이 될 수 있었다고요? 24

 나라를 두 번 세운 여인 소서노 26
백두 낭자 · 한라 도령의 역사 인물 인터뷰
고구려와 백제, 두 나라를 모두 세웠다고요? 36

 조선 시대 최고의 여류 예술가 신사임당 38
백두 낭자 · 한라 도령의 역사 인물 인터뷰
옛날엔 남자들도 처가살이를 했다고요? 48

 비운의 천재 여류 시인 허난설헌 50
백두 낭자 · 한라 도령의 역사 인물 인터뷰
한집에서 남자와 여자가 사는 곳이 달랐다고요? 60

 조선 최초의 여성 기업인 김만덕 62
백두 낭자 · 한라 도령의 역사 인물 인터뷰
남편과 부인이 재산을 따로 관리했다고요? 72

만주 벌판을 누비던 여자 독립투사 **김마리아** **74**

백두 낭자·한라 도령의 역사 인물 인터뷰
김마리아라는 여성 독립운동가가 또 있었다고요? 84

우리나라 최초의 여자 양의사 **박에스더** **86**

백두 낭자·한라 도령의 역사 인물 인터뷰
조선 시대에도 여자 의사가 있었다고요? 96

농촌 계몽 운동에 앞장선 신여성 운동가 **최용신** **98**

백두 낭자·한라 도령의 역사 인물 인터뷰
여자가 체조를 하면 집안 망신이었다고요? 108

우리나라 최초의 여자 기자 **최은희** **110**

백두 낭자·한라 도령의 역사 인물 인터뷰
여자는 국회의원을 꿈꿀 수 없었다고요? 122

우리나라 최초의 여자 변호사 **이태영** **124**

백두 낭자·한라 도령의 역사 인물 인터뷰
아들을 낳아야 진짜 안주인이었다고요? 134

부록 교과가 튼튼해지는 우리 것 우리 얘기 136
오늘날 대한민국 여성들은 어떻게 살고 있을까?

"마마, 정말 아름다운 꽃이옵니다."

신하들은 당나라에서 보낸 그림을 보며 감탄했어요. 그림 속에는 탐스럽게 피어난 모란꽃들이 우아한 자태를 뽐내고 있었지요.

"화려하기 그지없구나. 하지만 이 꽃에는 향기가 없을 것이다."

찬찬히 그림을 들여다보던 선덕 여왕이 말했어요.

"이렇게 아름다운 꽃에 향기가 없다고요?"

신하들은 선덕 여왕의 말에 고개를 갸우뚱거렸어요.

"이 꽃씨를 뜰에 심어라. 내년 봄이 되면 알 수 있을 것이다."

다음 해 모란꽃이 피자, 신하들은 여왕에게 달려왔어요.

"마마, 말씀대로 모란꽃에서 향기가 나지 않사옵니다."

"정말 대단하십니다. 어떻게 그림만 보고 그것을 아셨습니까?"

신하들은 호들갑을 떨었어요.

"무릇 여자가 아름다우면 남자가 따르고, 꽃이 향기로우면 벌과 나비가 모여드는 법이다. 이 그림에는 벌과 나비가 보이지 않으니 꽃에 향기가 없기 때문이 아니겠느냐."

"과연 여왕 마마의 지혜는 따라올 자가 없사옵니다."

신하들은 여왕의 지혜로움에 고개를 숙였어요. 그러나 여왕의 표정은 어두웠어요.

"모란꽃은 당나라 태종이 나를 비웃으려고 보낸 것이다. 여자 혼자 몸으로 나라를 다스리는 내 모습을 보기에는 화려하나 향기가 없는 꽃에 빗댄 것이겠지"

선덕 여왕은 분명히 지혜와 덕이 높은 인물이었어요. 고아와 혼자된 노인을 특별히 보살피고, 흉년이 들면 백성의 고통을 생각해 세금을 걷지 않았지요. 그렇지만 선덕 여왕을 바라보는 이

웃 나라의 시선은 차갑기만 했어요.

"하하하. 신라는 임금으로 세울 만한 마땅한 남자가 없었나 보구나. 여자를 임금으로 삼은 걸 보니. 내가 내 친척 중에서 신라의 임금이 될 만한 사람을 하나 보내 주랴?"

당 태종은 드러내 놓고 선덕 여왕을 비웃었어요. 고구려와 백제도 힘이 약한 신라를 자주 쳐들어왔어요.

"이게 다 여왕이 나라를 잘못 다스려서 그래."

"이 사람아, 당치 않은 소리 그만하게! 여왕님은 늘 백성을 걱정하며 지혜와 덕으로 나라를 다스리는 분이 아니신가."

"덕은 있을지 몰라도 위엄이 없지 않나. 위엄이 없으니 주변 나라에서 계속 우릴 못 잡아먹어 안달이지."

"그야 옛날부터 우리 신라의 힘이 약했기 때문이지, 어찌 여왕님의 탓이란 말인가."

"아무튼, 여자가 왕이 된다는 것 자체가 말이 안 되는 일이야."

신라의 귀족 중에도 여자가 임금 자리에 오른 것을 못마땅해하는 사람들이 있었어요. 선덕 여왕은 그들의 생각을 꿰뚫어 보며 한숨지었어요.

"권세 있는 귀족들은 낡은 생각에서 벗어나지 못하고 있구나. 그렇지 않아도 힘센 나라들 사이에서 신라의 운명이 위태로운 이때에……. 저들의 손에 더는 이 나라를 맡길 수 없다."

선덕 여왕은 새로운 인재를 찾았어요. 이렇게 여왕의 결심 아래 새로이 등장한 인물이 바로 김춘추와 김유신이에요.

여러분이 잘 알다시피 김춘추와 김유신은 훗날 삼국 통일을 이루어 낸 역사의 두 주역이 되지요. 하지만 선덕 여왕이 왕위에 오를 당시에 둘은 권력에서 멀리 떨어져 있었어요. 김춘추는 임금

자리에서 쫓겨난 왕의 손자였고, 김유신은 신라에 의해 점령당한 가야의 후손이었으니까요.

"마마, 어찌 김유신 같은 사람을 가까이 두십니까? 그는 본래 가야 사람이옵니다."

"가야 왕실의 후손에게 귀족 자격을 준 것은 그들을 우리 편으로 만들기 위해서였습니다. 김유신이 이제 신라 사람이 되었다고는 해도 우리와는 출신이 엄연히 다르지요."

"그만들 하시오. 김유신 공은 재주가 남다르고 심지가 굳은 사람이오. 앞으로 신라를 위기에서 구할 큰 재목이외다."

이렇듯 선덕 여왕은 인재를 알아보는 지혜로운 안목을 갖추고 있었어요. 그뿐만이 아니었어요. 선덕 여왕은 앞으로 일어날 일을 아는 신비한 능력까지 갖추고 있었어요.

선덕 여왕이 나라를 다스린 지 5년째 되던 해의 겨울, 영묘사 옥문지에 개구리 떼가 나타났어요.

"마마, 참으로 괴이한 일입니다. 한겨울에 개구리 떼가 나타나 밤낮을 가리지 않고 울어대니 말입니다."

"뭐라고? 그렇다면 지금 당장 각간 알천과 필탄은 군사 2000명을 데리고 서쪽 여근곡으로 가거라. 그곳에 적병이 숨어 있을 테니 반드시 그들을 없애도록 하라."

여왕의 명을 받아 여근곡으로 간 알천과 필탄은 깜짝 놀랐어요. 그곳에 정말 백제 군사 500명이 숨어 있었기 때문이에요.

"마마, 여근곡에 적병이 숨어 있는 것을 어찌 아셨습니까?"

"성난 개구리들이 울어 대는 모습은 군사와 같고, 옥문은 여자를 뜻하는데 여자는 음이다. 음은 흰색인데 흰색은 서쪽을 가리키니, 여근곡에 군사가 숨어 있다는 뜻이 아니냐."

선덕 여왕은 놀란 신하들에게 태연하게 말했어요.

하지만 여왕의 지혜로운 통치에도 불구하고 백제와 고구려의 침입은 계속되었어요. 계속되는 전쟁으로 살기가 어려워지자 자연히 민심은 흔들리기 시작했어요. 선덕 여왕은 온 백성의 마음을 하나로 모으는 데 힘을 쏟았어요.

"부처님께 우리 신라를 지켜달라는 염원을 담아서 황룡사 안에 9층 탑을 세워라. 지금껏 본 적 없는 가장 웅장하고 위엄 있는 모습이어야 한다."

"탑을 세우라고? 나 참, 전쟁 때문에 먹고살기도 어려운 판에 탑까지 세우라니."

"아니, 자네 아직 그 소식을 모르는가? 그 탑은 보통 탑이 아니라네. 그 탑을 쌓으면 아홉 나라에서 우리 신라에 조공을 해오고 나라가 길이 평안할 거라고 부처님이 계시했다는구먼."

"그래? 그러면 이러고 있을 때가 아니지. 얼른 탑을 쌓자고."

백성들은 탑이 세워지면 이웃 나라들이 신라에 항복하고 평화가 찾아올 거라고 믿었어요. 그 믿음 아래 하나가 되어 정성껏 탑을 만들었지요. 마침내 나라를 지켜 내려는 백성들의 염원이 황룡사 9층 탑이라는 위대한 건축물로 다시 태어났어요.

"이게 정말 우리 신라가 만든 탑이란 말인가?"

"부처님의 위엄이 느껴져. 볼 때마다 마음이 든든해지는구먼."

"이제 다른 나라가 쳐들어온다고 해도 걱정 없어. 우리 신라는 부처님이 지켜주실 테니까."

이렇듯 선덕 여왕은 불교를 중심으로 백성의 마음을 하나로 모아 외세의 침입에도 굳건히 나라를 지킬 힘을 길렀어요.

많은 업적을 남긴 선덕 여왕은 죽음까지도 신비로웠지요.

"난 아무 날 아무 시에 죽을 것이니 도리천에 묻도록 하여라."

여왕의 갑작스러운 예언에 신하들은 몸 둘 바를 몰랐어요. 더구나 도리천이 어디인지 아무도 몰랐지요.

"마마, 도리천이 어디이옵니까?"

"낭산 남쪽에 있다."

드디어 예언한 날이 되자 여왕은 조용히 숨을 거두었어요. 신하들은 여왕을 낭산 남쪽의 햇볕이 드는 곳에 묻었어요.

여왕이 죽고 오랜 세월이 흐른 뒤, 문무왕은 선덕 여왕의 무덤 밑에 '사천왕사'라는 절을 지었어요. 그제야 사람들은 여왕이 왜 도리천이라고 했는지 알게 되었어요. 불교에서는 하늘을 서른세 가지로 나누는데, 사천왕이라는 하늘 위에 도리천이라는 하늘이 있거든요.

"사천왕사 위에 있으니 그 터가 바로 도리천이지 뭔가."

"세상에! 죽는 날도 알아맞혔다고 하더니 그곳이 도리천이 될 줄도 알고 있었단 말인가?"

오랜 세월이 흐른 뒤에도 사람들은 선덕 여왕의 지혜와 성스러움에 고개를 숙였어요.

선덕 여왕은 16년 동안 신라를 다스리면서 많은 어려움을 겪었어요. 지혜롭고 덕 있는 왕이었음에도 여왕이라는 이유로 이웃 나라 왕들에게 무시를 당해야 했지요. 나라의 힘이 약했던 탓에 이웃 나라가 자주 쳐들어왔지만 이 또한 여왕 때문이라는 비난을 받았어요. 어떤 신하들은 여왕을 모실 수 없다고 반란을 일으키기도 했지요.

하지만 이런 상황 속에서도 선덕 여왕은 자애롭고 현명한 여성 지도자의 모습을 잃지 않았어요. 더 나아가 힘이 약했던 신라가 삼국 통일의 주역이 될 수 있도록 길을 닦은 위대한 지도자였답니다.

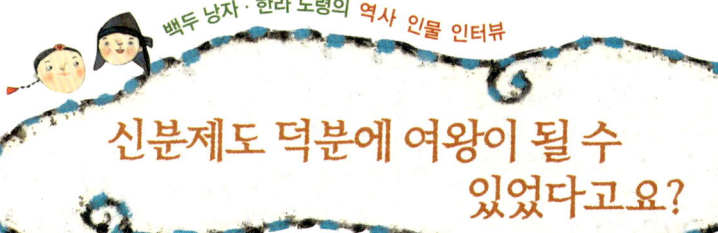

신분제도 덕분에 여왕이 될 수 있었다고요?

 안녕하세요, 선덕 여왕님! 우리나라 최초의 여왕이 되신 것을 축하드려요. 고구려도 그렇고, 백제도 그렇고 왕은 모두 남자였던 걸로 아는데, 여왕님께서는 어떻게 왕위에 오르실 수 있었던 거예요?

내가 여왕이 될 수 있었던 것은 우리 신라가 남녀평등이 잘 이루어진 나라였기 때문이 결코 아니란다. 그럴만한 다른 이유가 있었지. 바로 신라만이 가지고 있었던 독특한 신분제도인 골품제도 때문이었단다.

 네? 골품제도라고요?

그래, 일종의 계급을 말한단다. 신라의 법흥왕이 520년에 율령을 반포하면서 성골을 만드셨지. 이 성골은 귀족 계급인 진골보다 더 높은 신분으로 왕과 그의 형제, 그들의 자녀로 이루어진 혈족 집단을 가리킨단다. 이때 왕의 자식이라고 해서 무조건 성골이 될 수 있는 것은 아니었고, 후궁이 아닌

반드시 왕비가 낳은 자식이어야 했지.

 아, 그렇군요. 그래서 진평왕의 두 공주 중에서 장녀인 선덕 여왕께서 왕위에 오르시게 된 거였군요.

그렇단다. 내가 여왕이 된 데에는 국인의 도움도 컸지. 대내외적으로 조건이 갖추어졌다고 하더라도 국인들이 허락해주지 않는다면 불가능한 일이었거든. 국인이란 신라 시대에 정치적인 영향력을 가졌던 집단을 말한단다. 왕위계승과 폐위 등에 막강한 영향력을 행사할 수 있을 정도의 세력을 가졌었지. 그들의 지지가 없었다면 불가능했을지도 모른단다.

 그분들도 여왕님이 너그럽고 어질고 총명하단 걸 아셨나 봐요. 여왕님의 성품은 삼국사기에도 기록되었으리만큼 유명하시잖아요.

선덕 여왕에 대한 기록이 남아 있는 삼국사기예요~!

'앞으로 우리 계루부의 앞날은 어떻게 될까?'

오녀산에서 졸본 지역을 내려다보던 소서노는 깊은 생각에 잠겼어요. 답을 찾을 길 없는 질문들이 머릿속에서 꼬리를 물고 이어졌어요.

소서노가 이처럼 부족의 앞날을 걱정하는 것은 그녀가 계루 부족을 이끌어야 할 부족장의 딸이었기 때문이에요.

당시 졸본 지역은 여러 부족으로 나뉘어 있었어요. 각 부족은 서로 돕기도 하고 견제도 하면서 함께 성장하고 있었지요. 하지만 언젠가 강한 부족이 등장하면 다른 부족을 통합하고 나라를 세울 게 분명했어요.

이렇게 한참 고민에 빠져 지내던 어느 날, 소서노의 집에 한 젊은이가 나타났어요. 부하들을 데리고 부여에서 도망쳐 온 패기 넘치는 젊은이였지요.

"저는 부여 왕자인 주몽이라고 합니다. 저를 시기해 저를 죽이려는 사람들을 피해 도망하다가 이곳에 이르게 되었습니다."

"잘 오셨습니다!"

소서노는 주몽이 보통 사람이 아니라고 생각했어요. 신기에 가까운 활쏘기 실력도 놀라웠지만, 무엇보다 탁월한 지도력과 총명함이 눈에 띄었거든요.

"주몽 왕자, 이곳 졸본 지역을 어떻게 생각하십니까?"

"졸본은 하늘이 내린 땅입니다. 북쪽의 부여보다 더 강대한 나라가 세워질 곳이지요."

"그럼 우리 계루부를 어떻게 생각하십니까?"

"계루부는 졸본에서 가장 힘 있는 부족입니다. 이곳에 나라가 세워진다면 계루부가 큰 역할을 할 수 있을 것입니다."

소서노는 가슴이 뛰었어요. 이제야 자신과 뜻이 통하는 사람을 만났으니까요. 주몽 역시 씩씩한 여장부인 소서노와 함께라면 강대한 나라를 세울 수 있을 것 같았어요. 그래서 둘은 결혼을 했고, 기원전 37년 10월에 마침내 고구려를 세우게 되었어요.

고구려는 주변 부족과 나라를 점령하며 일대에서 가장 막강한 국가로 성장해 갔어요.

주몽은 늘 곁에 남장을 한 소서노를 두었어요. 비록 주몽보다 8살이 많았지만, 오랫동안 졸본에서 살아왔기 때문에 졸본에 대해 잘 알고 있어서 지혜로운 조언을 많이 해주었거든요.

"고맙소. 부인이 아니었다면 내가 무슨 힘으로 고구려를 세울 수 있었겠소."

"저도 마찬가지입니다. 저 혼자 나라를 세웠다면 고구려처럼 강한 국가로 성장하지 못했을 거예요."

주몽은 소서노가 고마웠어요. 그래서 소서노가 전 남편에게서 낳은 두 아들인 비류와 온조도 자신의 자식처럼 아껴 주었지요.

어느덧 세월이 흘러 고구려가 세워진 지도 18년이 되었어요. 그런데 평화롭던 소서노의 삶에 큰 근심거리가 생겼어요.

"뭐라고? 주몽 대왕의 아들이 부여에서 왔다고?"

"예. 대왕님께서 부여에 계셨을 때 낳으셨던 유리 왕자님이 고구려에 오셨습니다."

"유리 왕자님은 비류와 온조 왕자님의 형님이 되십니다."

아들을 만난 주몽은 기쁨을 감추지 못했어요. 그리고 고구려의 왕위를 자신의 아들인 유리에게 물려주려고 했지요.

"어머니! 도대체 유리 형님이 우리 고구려를 위해 무엇을 했다고 태자 자리에 앉는 겁니까? 나랑 온조처럼 목숨을 걸고 전쟁터를 누빈 적이 있습니까?"

"우리 계루부 백성들의 힘과 경제력이 없었다면 고구려를 세울 수 없었을 텐데……. 그 공로는 모두 잊어버리셨나 봅니다."

비류와 온조는 답답한 마음에 넋두리를 늘어놓았어요. 소서노도 주몽의 일방적인 결정에 심한 배신감을 느꼈어요. 왕의 자리에 앉은 것은 주몽이었지만, 고구려가 세워지고 강성해지기까지 소서노는 자신의 모든 것을 바쳤으니까요.

생각해보면 방법이 아주 없는 것은 아니었어요. 유리가 왕이 되었을 때 그를 몰아내고 비류를 왕으로 세우면 되거든요.

'하지만…….'

소서노는 고개를 저었어요.

'고구려가 아무리 강해졌다고는 해도 이제 겨우 자리를 잡아가는 신생 나라야. 만약 왕위 다툼으로 우리 안에서 싸움이 일어난다면 나라의 힘이 약해질 것이 뻔해. 그러면 호시탐탐 우리나라를 노렸던 주변 나라들의 먹이가 되고 말 거야.'

소서노는 자신의 꿈과 열정으로 세워진 고구려가 역사 속에 사라져 버리는 것이 두려웠어요. 게다가 그녀에게는 아직도 새 나라를 세우고 싶은 꿈과 열정이 남아 있었어요.

"대왕 마마, 저는 비류와 온조를 데리고 고구려를 떠나겠습니다. 남쪽으로 내려가 새로운 나라를 세우고자 합니다."

소서노의 결심에 주몽은 몹시 놀랐어요.

"그건 쉬운 일이 아니오. 알잖소, 우리가 지난 시간 동안 얼마나 험난한 여정을 걸어왔는지."

"걱정하지 마세요. 제게는 대왕과 함께 고구려를 세웠던 경험과 지혜가 있고, 제 아들들은 나라를 세우기에 충분한 능력을 갖추고 있으니까요."

결국 소서노는 비류와 온조를 앞세우고 고구려를 떠났어요. 수많은 계루부 백성이 소서노의 뒤를 따랐어요. 주몽은 많은 재물을 주며 소서노가 강대한 새 나라를 세울 수 있게 되길 기원했어요.

소서노와 백성들은 남쪽을 향해 걷고 또 걸었어요. 그러다가 마침내 한강 남쪽에서 도읍으로 정할 만한 새 땅을 찾게 되었어요.

"여기 하남 땅은 북쪽으로는 강이 흐르고, 동쪽으로는 높은 산이 있어 적이 침범하기 어렵습니다. 또한 남쪽으로는 비옥한 들판이 펼쳐져 있으니 새 나라를 세우기에 좋은 곳인 듯합니다."

소서노와 온조는 하남 땅이 무척 마음에 들었어요. 하지만 비류의 생각은 달랐어요.

"이곳보다는 저쪽 바닷가에 있는 미추홀 땅이 나을 것 같습니다. 백성들이 바다에서는 고기를 잡고, 땅에서는 농사를 지어 훨씬 풍요로운 생활을 할 수 있을 테니까요."

비류는 말리는 소서노와 온조를 뿌리치고 백성을 나누어 미추홀로 가버렸어요. 비류가 떠난 뒤 소서노와 온조는 백성들과 힘을 모아 성을 쌓았어요. 기원전 18년, 마침내 백제가 세워지고 온조가 왕위에 오르게 되었어요. 소서노의 꿈처럼 고구려 못지않은 강한 나라가 남쪽 땅에 세워지게 된 거예요.

여러분이 잘 알고 있는 것처럼 고구려와 백제의 왕은 주몽과 온조예요. 하지만 그들과 함께했던 소서노가 없었다면 우리가 알고 있는 고구려와 백제는 역사 속에 없었을지도 몰라요.

소서노는 고구려가 세워질 때도, 그리고 백제가 세워질 때도 큰 도움이 되었어요. 하지만 어떤 일을 했고, 어떤 역할을 했는지는 역사책에 자세히 기록되어 있지 않아요. 왜 그러느냐고요? 그건 역사를 기록했던 사람들이 남자를 주인공으로 내세워 대부분 역사를 기록했기 때문이에요.

비록 역사책에는 잘 나타나 있지 않지만 고구려와 백제를 세우는 데 결정적인 역할을 했던 소서노는 우리나라의 손꼽히는 위대한 여장부랍니다.

백두 낭자·한라 도령의 역사 인물 인터뷰

고구려와 백제, 두 나라를 모두 세웠다고요?

소서노님! 소서노님께서는 계루 부족의 지도자셨는데, 고구려의 왕으로 주몽 임금님을 세우셨었네요? 혹시 직접 왕이 되고 싶다는 생각은 없으셨나요?

고대 국가에서 왕은 대부분 남성이었단다. 연약해 보이는 여자보다는 힘 있는 남성이 왕이 되어야 한다는 생각들이 지배적이었지. 그래서 나 또한 남편인 주몽이 고구려의 왕이 되도록 도왔던 거란다.

어휴, 나라를 세우고 다스릴 만한 능력이 충분히 있으신데도 직접 왕이 되지 못하셨다니, 아쉽지 않으세요?

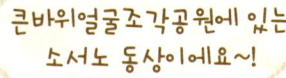

큰바위얼굴조각공원에 있는 소서노 동상이에요~!

솔직히 왕이 되지 못한 아쉬움보다는 고구려를 함께 세웠던 주몽 대왕에 대한 배신감이 더 컸단다. 나는 당연히 내 아들 비류가 왕이 될 것으로 생각했거든. 그런데 주몽 대왕은 북부여에서 유리와 예 씨 부인이 오자 그들에게 태자와 황후의 자리를 내어주었지. 하지만 난 현실을 빨리 받아들이고 선택해야 했단다. 나와 내 두 아들의 앞날을 위해서 말이다. 그래서 고구려를 떠나 온조와 함께 백제를 세우게 되었지.

고구려와 백제를 건국한 고대 최고의 여걸이신데……. 소서노님에 대한 기록이 역사책에 자세히 남아 있지 않단 사실이 정말 안타까워요.

할 수 없지. 역사책을 썼던 대부분의 학자가 유학자들이었으니 그런 그들이 나를 좋게 생각할 리가 없을 테지. 난 남성 중심의 사회를 바라는 그들이 칭찬하는 여성과는 반대되는 사람이었으니깐 말이다. 그래도 조금이라도 남아 있는 기록 덕분에 나에 대해 궁금해하는 사람들이 생기게 돼서 고마울 뿐이구나.

소서노의 아들인 백제 온조왕의 입성 행렬을 재현한 모습이에요.

'현모양처'는 과거에 우리 역사 속에서 수많은 여성의 소망이자 목표였어요. 현모양처란 현명한 어머니, 어진 부인이란 뜻이지요. 그런데 이 소망에 가장 가까이 다가간 사람이 바로 신사임당이에요. 신사임당은 현모양처의 대명사로 불리고 있지요.

그렇다면 어떻게 하면 현모양처가 될 수 있는 걸까요? 그저 남편 뜻에 순종하고, 자식 뒷바라지만 하면 될 수 있는 걸까요?

자, 신사임당의 삶은 어땠는지 조용히 들여다보도록 해요.

"아니, 이게 정말 네가 그린 그림이란 말이냐?"

아버지는 일곱 살의 딸아이가 그린 그림을 보며 놀라움을 감추지 못했어요. 그림을 잘 그린다는 것은 알고 있었지만, 이렇게 안견과 똑같이 〈몽유도원도〉를 그려 낼 줄은 생각지도 못했거든요.

안견은 조선 시대 최고의 화가예요. 특히 풍경을 담은 산수화를 잘 그렸는데, 〈몽유도원도〉는 그가 그린 산수화 가운데 가장 뛰어난 작품이었지요.

"우리 인선이는 그림 그리는 재주가 정말 뛰어나구나."

"그림만 잘 그리는 것이 아니랍니다. 시도 잘 짓고 글씨도 잘 써서 어느 것 하나 나무랄 데가 없지요."

어머니는 총명한 둘째 딸이 대견스러웠어요. 그러면서도 마음 한편으로는 안타까움이 밀려왔어요.

"인선이가 남자였으면 좋았을 것을……."

어머니는 딸이 아까운 재주를 세상에 펼쳐 보지도 못하고 집 안에만 갇혀 지내야 할 것을 생각하니 마음이 아팠어요.

조선 시대 여성들은 아무리 재주가 뛰어나도 자신의 재주나 생각을 드러내서는 안 되었어요. 늘 남성의 그늘 아래서 그들의 뜻을 따라야 했지요. 어렸을 때는 아버지의 뜻을 따르고, 결혼해서는 남편의 뜻을 따르고, 나이가 들어서는 아들의 뜻을 따르는 '삼종지도'가 바로 여자가 지켜야 할 법도였으니까요.

그러나 인선은 자상한 부모님 밑에서 자신의 재주를 마음껏 키우며 자랄 수 있었어요. 조선의 보통 여자아이에게는 좀처럼 허락되지 않는 환경이었지요.

"여보, 우리 인선이는 부인의 재주를 인정해 주는 마음이 넓은 도령과 혼인을 시킵시다."

"허허, 좋은 생각이구려."

인선을 끔찍이 사랑했던 부모님은 신랑감을 고를 때에도 인선의 행복만을 생각했어요. 너무 권세 있는 집안으로 시집가서 고된 시집살이를 할까 봐 걱정이었고, 속 좁은 남편을 만나 재능을 썩히게 될 것도 걱정이었지요.

그래서 인선은 비록 학식이 풍부하지 않고 집안도 부유하지 않았지만, 그녀의 재능을 아끼고 키워 줄 수 있는 성품 좋은 신랑인 이원수와 혼인을 하게 되었어요.

"여보게! 자네 부인의 그림 솜씨가 보통이 아니라고 하던데, 어디 솜씨 한번 보여 주게."

"사임당의 그림이 어떤 건지 구경 좀 하세."

결혼 후, 인선은 사임당이라는 호로 불리게 되었어요. 잔칫집에 모인 신랑 친구들은 사임당의 그림을 보여 달라고 성화였지요.

"종이에 그리면 틀림없이 그림을 서로 갖겠다고 소란이 일어날 것입니다. 아녀자의 그림이 담 밖을 넘는 것도 좋은 일이 아니니

여기 있는 놋쇠 쟁반에 그리겠습니다."

사임당은 차분히 앉아 쟁반 위에 매화나무를 그리기 시작했어요. 매화나무 가지 사이로 둥근 보름달이 떠올랐어요.

"세상에! 진짜 매화나무와 똑같이 그렸구먼."

"많은 그림을 봤지만 이렇게 독특한 그림은 처음 보네. 자네 부인의 재주가 정말 뛰어나이."

사임당은 누구도 흉내 낼 수 없는 그녀만의 독특한 예술 세계를 가지고 있었어요. 그도 그럴 것이 그녀는 누구한테도 그림을 배운 적이 없었거든요.

조선 시대 화가들은 중국에서 들여온 그림 교본을 보고 그림을 그렸어요. 사대부들도 서로의 그림을 보고 배우며 비슷한 그림을 그렸지요. 하지만 사임당은 스스로 자연을 관찰한 후 자세하게 종이에 옮겨 그리며 스스로 그림 그리는 법을 터득했어요.

한번은 그녀의 그림을 마당에 놓아두었는데, 닭이 와서 진짜 벌레인 줄 알고 쪼아 그림에 구멍이 난 적도 있었다고 해요. 그만큼 사임당은 사실적이고 섬세한 그림을 그렸지요.

후대의 평론가들은 사임당의 그림을 이렇게 평가했어요.

"사임당의 포도 그림과 산수화는 절묘하여 안견에 다음 간다. 어찌 부녀자의 그림이라고 소홀하게 생각할 수 있겠는가."

　사임당은 자신만의 예술 세계를 완성한 뛰어난 예술가이자, 예술을 통해 끊임없이 자신을 수양한 인물이었어요. 이러한 사임당의 고귀한 성품은 생활 곳곳에서도 드러났어요. 그래서 남편도 사임당의 재주를 자랑스러워했고, 그녀의 말 한 마디 한 마디를 함부로 흘려듣지 않았지요.

　"서방님, 우의정 영감 댁에는 이제 다니시지 않는 것이 좋을 듯싶습니다."

　아직 과거에 급제하지 못한 남편은 글공부와는 담을 쌓고 우의정의 집을 드나들며 벼슬자리를 쉽게 얻으려고 했어요. 하지만 우의정 이기는 어린 왕을 달콤한 말로 속이고 권세를 마음대로 휘두르던 사람이었어요.

"우의정 영감은 우리 집안의 어른이 아니오. 어른을 찾아뵙는 것은 아랫사람의 도리요. 게다가 그분은 내게 벼슬 한자리 내려 줄 권세도 쥐고 계신다오."

"그분의 권세는 의롭게 얻은 것이 아닙니다. 많은 사람을 죽이고 그 피 값으로 높은 자리에 오르셨습니다. 그렇게 얻은 권세는 오래가지 못할 것입니다. 잘못된 권세를 좇기보다는 서방님의 노력으로 관직에 오르시는 것이 옳습니다."

남편 이원수는 아내의 말에 고개를 끄덕였어요.

"듣고 보니 당신의 말이 맞는 것 같소. 내가 당치도 않는 요행을 바랐나 보오."

신사임당의 말대로 우의정 이기의 권세는 오래가지 못했어요. 그리고 이기의 밑에서 관직에 올랐던 사람들은 모두 큰 화를 당했지요. 현명한 아내 덕에 이원수는 화를 피할 수 있었어요.

그 뒤로 이원수는 글공부에 힘을 쏟아 수운판관에 올랐어요.

"나 같은 사람이 관직에 오른 것은 모두 부인의 공이오. 당신의 바른 충고가 없었다면 지금쯤 큰 화를 당했을 테니 말이오."

아이들도 늘 겸손하고 의로운 어머니를 곁에서 보고 자라며 어머니를 본받았어요. 사임당이 붓을 들고 그림을 그리기 시작하면 아이들은 자연스럽게 옆에서 책을 읽었지요.

조선의 대표적인 유학자 이이뿐만 아니라 사임당의 재능을 물려받아 그림과 학문이 깊었던 딸 매창, 명필로 이름을 날렸던 막내 이우 등 훗날 그녀의 자녀들은 당대의 뛰어난 인물들로 성장하게 되었어요.

신사임당은 조선 사회가 바라는 성품이 어질고 온화한 여인이었어요. 그렇지만 거기에 그친 것이 아니에요. 조선의 유교적인 법도를 넘어서 스스로 예술 세계를 만들어 내고 자신의 삶을 완성해 간 뛰어난 인물이었지요. 또한 진정한 현모양처가 되려면 여성 스스로 자신의 모습을 완성해 가야 한다는 것을 삶으로 보여준 위대한 인물이었답니다.

백두 낭자·한라 도령의 역사 인물 인터뷰

옛날엔 남자들도 처가살이를 했다고요?

 신사임당님은 혼인을 하고도 3년 넘게 친정에서 사셨다는 이야기를 들었어요. 고된 시집살이를 했을 법한 조선 시대에 어떻게 친정집에서 살 수 있었던 거지요?

호호, 3년이라. 난 그 후로도 계속 친정과 시댁을 오가며 생활했었는 걸? 내 아들 율곡도 친정집인 강릉 오죽헌에서 낳았지. 나뿐만 아니라 나의 어머니도 친정에서 사셨단다.

 이야, 어떻게 그럴 수가 있었던 거지요?

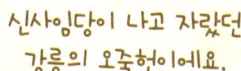
신사임당이 나고 자랐던 강릉의 오죽헌이에요.

그건 시집살이가 우리나라에서 처음부터 전해오던 풍속이 아니었기 때문이야. 고구려에서는 혼인을 하면 처갓집 뒤뜰에 '서옥'이라는 별채를 지어 신랑과 신부가 함께 살도록 했어. 신랑은 서옥에서 살다가 자식이 크면 신부와 자식을 데리고 자기 집으로 돌아갔단다. 고려 시대에도 '남귀여가혼'이라 하여 남편이 처가살이를 하는 경우가 흔했었고, 딸은 친정에 살면서 부모님의 제사도 모실 수 있었지.

 아, 그렇군요. 그러면 시집살이는 언제부터 생겨난 건가요?

조선 시대에 들어와서 처가살이는 유학자들의 비판을 받게 되었단다. 남자가 양이고 여자가 음인데 양이 음을 따르는 법도가 어디 있느냐는 이유로 말이야. 그래서 나라에서는 처가살이를 못하게 하고 결혼 후에는 신부가 바로 시집살이를 하도록 법으로 정했어. 하지만 오랜 시간 이어진 풍속이 하루아침에 변할 수는 없었지. 처가살이는 조선 중기까지도 계속 됐단다. 그래서 난 큰 반대 없이 친정집에서 어머니를 모실 수 있었던 거지. 남자 형제가 없었던 내게 참 다행스러운 일이었단다.

'신사임당의 날' 행사 중 하나인 다례부 시험 시간이에요!

비운의 천재 여류 시인
허난설헌

늦은 밤, 조선의 어느 양반가 안채에서 한 여인이 늦은 시간까지 잠을 이루지 못하고 있었어요. 다소곳이 책상 앞에 앉은 이 여인은 조용히 붓을 집어 들었어요.

"그래, 아무도 불러 주지 않아도 나 스스로 호를 가지리라. 난설헌, 눈 속에 피어난 난초라……. 흑흑."

참았던 눈물이 여인의 볼을 타고 흘러내렸어요. 서릿발처럼 매서운 추위 속에서 위태롭게 피어나 홀로 향기를 머금은 난초의 모습이 자신의 처지와 너무도 닮았다고 생각되었기 때문이에요.

자신의 이름을 부르며 눈물을 쏟고 있는 이 여인이 바로 조선의 천재 시인 허난설헌이에요. 그녀는 무슨 까닭에 눈물로 밤을 지새우며 자신의 이름을 짓고 있었을까요?

조선 시대 여인들은 어릴 적에는 아명(어릴 때 부르는 이름)으로 불리다가 시집을 가면 김 씨 부인, 이 씨 부인 등 누군가의 부

인으로 불렸어요. 그리고 한평생을 남편과 시댁 식구들의 뒷바라지에 평생을 바쳐 살다가 죽었지요. 그러나 그저 그렇게 평범하게 살기에는 허난설헌의 재주는 너무 뛰어났어요.

"우리 집안에 여자 신동이 태어났구먼. 하하하."

"〈광한전백옥루상량문〉이라, '광한전 백옥루에 대들보를 올리며'란 뜻이구나. 아니, 한자도 배운 적이 없는 여덟 살 계집아이가 어떻게 이런 훌륭한 글을 썼지?"

오빠들의 칭찬에 난설헌은 두 볼이 빨개졌어요.

"오라버니들이 글을 배울 때 어깨너머로 익혔어요. 어머니, 저도 오라버니들처럼 글을 배우고 싶어요."

"아가, 남자와 여자는 법도가 다르단다. 글을 읽고 가르치는 것은 남자가 할 일이야."

어머니는 딸의 재주가 기특했지만 그녀에게 글을 가르칠 수 없었어요. 여자가 글을 배워 아는 것이 많으면 오히려 해가 될 수 있었으니까요.

"어머니, 누이가 비록 여자이기는 하나 하늘이 낸 재주를 가지고 있어요. 이대로 썩혀 두기에는 너무 아깝습니다."

작은오빠 허봉의 설득으로 난설헌은 글공부를 할 수 있었어요.

허봉은 난설헌에게 좋은 선생님을 소개해 주고, 난설헌이 열심히 공부할 수 있도록 격려와 지지를 아끼지 않았지요.

허난설헌의 집에는 난설헌 외에도 큰오빠 허성, 작은오빠 허봉, 막냇동생 허균까지 모두 천재라 불릴 만큼 뛰어난 재주를 갖고 있었어요. 특히 《홍길동전》을 쓴 허균은 기억력이 좋아서 한 번 읽은 것은 모두 외우곤 했지요.

형제 모두 높은 벼슬을 하고 있었고, 아버지도 '대사헌'이라는 높은 관직에 있었기 때문에 난설헌은 명문가 안동 김씨 집안으로 시집을 가게 되었어요.

겉으로 보기에 난설헌과 남편 김성립의 결혼은 훌륭한 집안 간의 부족함 없는 만남처럼 보였어요. 그렇지만 실제로 이 결혼은 난설헌에게 불행의 시작이었어요.

제비는 처마 비스듬히 쌍쌍이 날고,
지는 꽃은 어지럽게 비단옷에 스친다.
규방에서 애타게 기다리는 상처 난 봄심,
풀은 푸르러지건만 강남의 임은 돌아오지 않는다.

 난설헌은 남편이 돌아오지 않아 애타는 새색시의 마음을 시로 노래했어요. 과거 공부를 한다고 집을 나간 남편은 겨울이 지나고 봄이 다 가도록 난설헌을 찾지 않았어요. 남편이 기생집에서 놀고 있다는 소식만 들려올 뿐이었지요.
 남편 김성립은 자신보다 총명한 아내가 부담스러웠어요.
 "여보게, 이 시가 자네 부인이 보내온 시라면서?"
 "쳇, 여자가 창피한 줄 알아야지. 어디 남편이 공부하는데 이따위 시를 보내고 말이야."
 "아니야, 자네 부인의 재주가 대단하구먼. 자네는 여기서 공부할 게 아니라 부인한테 가서 한 수 배우는 게 낫겠네. 하하하."

사람들이 난설헌을 칭찬할 때면 김성립은 자신의 부족함이 드러나는 것 같아 오히려 화를 내고 기분 나빠했어요. 김성립은 난설헌을 이해하고 감싸줄 수 없는 속 좁은 사람이었거든요. 게다가 시어머니까지 난설헌을 못마땅하게 여겼어요.

"여자 주제에 어디서 글을 읽는다고 행세야. 기가 막혀서."

"그러게요. 책상에 앉아 책을 펼쳐 들고 있는 꼴이라니. 그렇게 하면 자기가 벼슬이라도 할 수 있을 줄 아나 보지?"

시댁 식구들은 글을 읽고 시를 짓는 난설헌이 아니꼽고 주제넘어 보였어요.

난설헌은 마음 나눌 사람 하나 없는 낯선 시댁에서 남편의 무관심과 시어머니의 홀대에 상심이 늘어 갔어요.

난초를 보며

그득히 피어난 창가의 난초.

가지의 잎 그리도 향기롭더니,

가을바람이 한번 스쳐 지나가니

슬프게도 가을 서리에 다 시들었구나.

뛰어난 그 모습 생기를 잃어도
맑은 그 향기는 결코 죽지 않으니.
그 모습 보면서 내 마음이 아파져
눈물이 흘러 옷소매를 적시운다.

가을바람에 시들어 버린 난초를 바라보며 눈물을 흘리는 난설헌의 마음이 느껴지나요? 남편과 시어머니의 미움이 깊어질수록 난설헌이 할 수 있는 것은 시 짓는 것밖에는 없었지요. 그녀의 상처 난 마음은 애달픈 시가 되어 사람들의 마음을 울렸어요. 하지만 자신의 감정에 빠져 신세 한탄만 했던 것은 아니에요. 그녀는 조선 사회의 문제가 무엇인지 깨닫고 있었거든요.

가난한 여인의 노래

얼굴 맵시야 어찌 남에게 떨어지리요.
바느질 솜씨 길쌈 솜씨 모두 좋건만,
가난한 집안에서 자라난 탓에
중매 할미 모두 나를 몰라준다오.

밤늦도록 쉬지 않고 베를 짜노라니
베틀 소리만 삐걱삐걱 차갑게 울리는데,
베틀에 짜여진 베 한 필
결국 누구의 옷이 되는가?

손에 가위 쥐고 마름질하니
밤이 차가워 열 손가락 곱아 온다.
남을 위해 시집가는 옷을 짓고 있지만
해마다 나는 여전히 홀로 살고 있다오.

　난설헌은 자신이 불행한 이유가 사회의 불평등한 제도 때문이라고 생각했어요. 그래서 시를 써서 여성과 가난한 사람이 차별받는 불평등한 조선 사회를 비판했어요.
　"내게는 세 가지 한이 있습니다. 첫째는 여자로 태어난 것이고, 둘째는 김성립과 결혼한 것이고, 셋째는 이 조선 땅에서 태어난 것이지요."

난설헌의 말대로 만약 난설헌이 여자로 태어나지 않았다면, 그리고 조선에서 태어나지 않았다면 어땠을까요? 자신의 천재적인 재능을 마음껏 발휘할 수 있지 않았을까요?

　집 안에 갇혀 죽은 듯 살아가야 했던 난설헌에게 또 다른 불행들이 연이어 닥쳐왔어요. 자신의 소망이자 기쁨이었던 어린 아들과 딸이 세상을 떠나고 만 거예요. 게다가 가장 믿고 의지했던 오빠 허봉도 귀양을 갔다가 죽고 말았지요. 이제 난설헌에게는 아무런 희망도 남지 않게 되었어요.

　"내가 지은 시들을 모두 불태워라. 나처럼 시를 짓다가 불행해지는 여인이 다시는 생기지 않도록……."

　싸늘하게 시들어 가던 스물일곱의 어느 날, 허난설헌은 마지막 유언을 남기고 조용히 숨을 거두고 말았답니다.

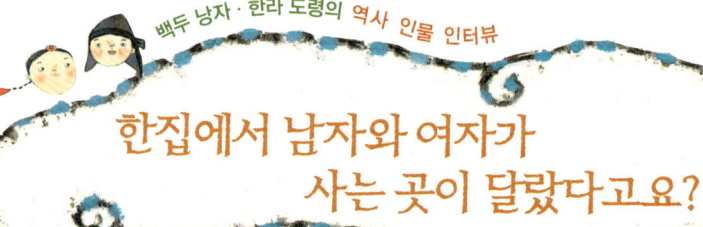

백두 낭자·한라 도령의 역사 인물 인터뷰

한집에서 남자와 여자가 사는 곳이 달랐다고요?

 허난설헌님! 조선 시대에는 한 집에서 남자와 여자가 사는 곳이 달랐다고 하던데요. 사실인가요?

그렇단다. 내외법이라고 하여 남자와 여자가 일곱 살만 되어도 함께 있을 수 없었지. 그래서 심지어 부부라 할지라도 각각 다른 방에서 생활했단다. 그래서 양반집에서는 남자와 여자가 사는 곳이 달랐던 거야. 물론 가난한 양민들은 집이 너무 좁아 남자와 여자의 공간을 나눌 수 없었지만 말이야.

 어떻게 달랐는데요? 그러면 허난설헌님께서는 어디에서 사셨어요?

남자가 생활했던 사랑채의 모습이에요.

남자는 사랑채라는 곳에서 생활했고, 여자는 안채라는 곳에서 생활했어. 사랑채와 안채 사이에는 담이 있어서 중문을 통해서만 드나들 수 있었지. 남자는 사랑채에서 손님을 맞이하고 아이들에게 글을 가르쳤고, 여자는 안채에서 음식을 만들고 바느질을 하며 지냈지. 안채는 대문에서 가장 먼 곳에 자리 잡고 있어서 외부 사람들이 함부로 들어올 수 없었어. 또한 안채에 사는 여자들도 마음대로 대문 밖을 나갈 수 없었단다.

 네? 대문 밖을 마음대로 나갈 수 없었다고요? 안에서만 있으면 답답하지 않나요?

당연하지. 우리는 외출을 하려면 촛불을 켜고 밤에만 다녀야 했단다. 대문 밖을 나갈 때는 반드시 장옷이나 너울로 얼굴을 가려야 했고. 또한 길을 걸을 때에도 남자는 오른쪽, 여자는 왼쪽으로만 다녀야 했어. 사방이 막혀 있는 안채에서 바깥출입도 마음대로 못하고 갇혀 살아야 했던 조선 양반 여성들이 얼마나 답답했을지 상상이 가지 않니?

여자가 생활했던 안채의 모습이에요.

사랑채에서 중문을 통해 이곳에 들어올 수 있었답니다.

조선 최초의 여성 기업인
김만덕

"어머니, 아버지는 언제 오세요?"

육지에 나간 아버지를 기다리던 만덕이 물었어요. 제주도와 전라도를 오가며 장사를 하던 아버지는 집에 돌아올 때면 늘 제주도에선 볼 수 없는 진귀한 선물을 가져다주시곤 했거든요.

"글쎄다, 일이 늦어지시는 건지……."

어머니는 왠지 불길한 예감에 말끝을 흐렸어요.

만덕이 사는 제주도는 세 가지가 많은 섬이라 하여 '삼다도'라고 불렸어요. 화산섬인 탓에 돌이 많았고, 바다를 끼고 있어 바람이 많았고, 배를 타고 바다로 나간 남자들이 풍랑에 휩쓸려 돌아오지 못하는 일이 잦았기 때문에 여자가 많은 섬이었지요.

불행히도 어머니의 예감은 맞아떨어지고 말았어요. 아버지는 장사를 끝내고 돌아오다가 배가 침몰하여 세상을 떠나고 말았지요.

"아이고, 만덕 아버지! 나를 두고 가시면 어찌하오!"

충격에 몸져누운 만덕의 어머니는 아버지가 돌아가신지 1년도 안 되어 세상을 떠나고 말았어요. 고아가 되어 버린 만덕을 포함한 세 남매는 뿔뿔이 흩어져 친척 집에 맡겨지게 되었지요.

만덕이 열 살이 되자, 형편이 어려워진 친척은 만덕을 어느 늙은 기생의 집으로 보냈어요. 늙은 기생은 만덕을 눈여겨보았어요.

"저 아인 총기가 있군. 잘 가르치면 훌륭한 기녀가 되겠어."

그리고 그날부터 만덕에게 노래와 춤, 가야금 연주를 가르쳤어요. 몇 달 후, 만덕이는 제주도에서 가장 유명한 기생이 되었어요.

"어허, 듣던 대로 춤 솜씨며 악기 연주며 손색이 없구나. 평생 부족함 없이 살도록 해 줄 테니 내 첩이 되면 어떻겠나?"

편하게 먹고살 수 있는 길이 열렸지만, 만덕은 자신이 본래 양인의 자식이라는 것을 잊지 않았어요.

'기녀가 되어 평생 남의 집에서 첩 노릇이나 하며 살 수는 없어. 난 무너진 우리 집안을 다시 일으켜 세울 거야.'

나이가 들어서 혼자 힘으로 살아갈 수 있게 되자, 만덕은 제일 먼저 관청을 찾아갔어요.

"억울합니다. 저는 본래 양인인데 고아가 되어 제 뜻과 상관없

이 기녀가 되고 말았습니다. 제 부족함 때문에 형제들과 자손만 대까지 천민이 되었으니 이 죄를 어디에 가서 씻을 수 있겠습니까? 제가 다시 양인으로 살 수 있도록 허락해 주시옵소서."

만덕의 간절한 청은 관리의 마음을 움직였어요. 관리는 만덕이 다시 양인이 되어 새로운 삶을 살 수 있게 해주었어요.

'이제는 아버지가 못다 이룬 꿈을 내가 대신 이룰 차례야.'

만덕은 기녀 일을 하며 모아 두었던 돈을 모아 객주를 열었어요. 객주란 조선 시대에 각 지역의 상인들이 모여 머물면서 서로 물건을 사고팔았던 여관 같은 곳이에요. 객주에서는 물건을 보관하거나 운반해 주기도 하고, 돈을 보관하거나 꾸어 주기도 했지요.

"누님, 이런 험한 일을 여자의 몸으로 어떻게 하시려고요?"

남동생은 만덕이 객주를 열자 걱정이 되어 말했어요.

"걱정하지 마라. 이제 장사해서 돈을 버는 일도, 농사짓는 일 못지않게 대접받는 때가 올 거야. 난 큰 상인이 되려 했던 아버지의 뜻을 이어받아 제주 제일의 장사꾼이 되련다."

만덕의 말대로 18세기 중엽이 되자, 조선은 농업 기술의 발달로 쌀 같은 곡물의 생산량이 많이 늘어나면서 곡물을 사고파는 상업도 활기를 띠게 되었어요. 또 학자들 사이에서는 상업과 공업을 중시해야 나라가 부강해진다는 실학사상도 널리 퍼지게 되었고요.

만덕의 객주는 나날이 번창했어요. 육지를 오가는 상인들이며 관리까지 제주에 오면 꼭 만덕의 객주를 찾았지요. 만덕은 객주만 운영한 것이 아니라 직접 물건을 사서 상인에게 팔기 시작했어요. 전복, 귤, 녹용 같은 제주도 특산물을 육지 상인들에게 팔고, 옷감과 쌀을 사들여 제주 사람들에게 팔았지요.

"만덕이는 돈 모으는 재주가 있어."

"그러게 말일세. 손대는 장사마다 천금을 벌어들이니 하늘이 복을 내리시는 게야."

얼마 후, 만덕은 제주도에서 가장 이름난 상인이 되었어요. 어린 나이에 고아가 되어 모진 고생을 했지만, 절망적인 상황에서도 꿈을 꾸고 포기하지 않은 덕분에 여자, 그것도 기녀라는 굴레를 극복해 내고 자신의 삶을 개척해낼 수 있었지요.

김만덕의 훌륭함은 여기서 그치는 것이 아니에요. 그녀는 훗날, 제주 사람들을 위기에서 구해낸 영웅이 되니까요.

"이대로 있다가는 제주 사람 모두가 굶어 죽고 말겠어."

"이미 굶어 죽은 시체들이 거리에 나뒹굴고 있다네."

정조 18년인 1794년에 커다란 태풍이 제주도에 몰아닥쳤어요. 애써 지은 농작물은 폭풍우에 짓밟혔고, 백성들은 굶어 죽을 위기에 처하게 되었지요.

정조 임금은 구제미로 곡물 1만 2000섬을 보냈지만, 그중 일부는 폭풍우에 휘말려 전해지지도 못했어요.

다음 해 봄, 보릿고개가 되면서 사정은 더욱 나빠졌어요.

'이대로는 안 되겠어! 나라도 나서야지.'

김만덕은 평생 모은 재산을 아낌없이 제주 사람들을 구하는 데 내놓았어요. 김만덕은 육지에서 500석이나 되는 곡물을 사 와서 굶주림에 허덕이는 사람들에게 나누어 주었어요.

"만덕이가 우리를 살렸네."

"만덕이는 내 평생의 은인, 아니 우리 제주의 은인이야."

사람들은 침이 마르도록 만덕을 칭송했어요. 제주 목사는 만덕의 이야기를 한양에 있는 정조 임금께 전했어요.

"이런 기특한 일이 있나. 남자라면 마땅히 벼슬을 주어 그 덕에 보답하겠지만, 여자라고 하니 만덕이의 소원이 무엇인지 물어보도록 하여라."

그런데 만덕의 소원은 뜻밖에도 임금님이 계신 궁궐에 가 보고

금강산의 절경을 구경하는 것이었어요.

"섬 아낙이 육지를 밟는 것은 법으로 금지된 터인데, 이를 어찌하면 좋을꼬."

조선 시대 백성은 신분에 따라 사는 곳에 제한이 있었어요. 제주에 사는 사람도 마찬가지였어요. 그나마 남자는 허가를 받아 육지로 나올 수 있었지만, 여자들에게는 꿈 같은 일이었지요.

"그래, 만덕에게 궁중 내의원 의녀 직을 내려서 한양에 올 수 있도록 해야겠구나."

만덕은 궁궐의 의녀가 되어 한양으로 올라왔어요. 의녀와 기녀는 양인과 달리 활동하는 데 제약이 없었거든요.

왕비와 재상, 정약용과 박제가 같은 당대의 유명한 학자들은 앞다투어 만덕을 만나 그녀의 덕행을 칭찬했어요. 만덕은 섬 여인으로는 최초로 금강산을 유람했답니다.

이러한 김만덕의 덕행은 오늘날까지 이어져 제주도에서는 해마다 사회봉사에 앞장선 제주 여성에게 '만덕 봉사상'을 주고, '만덕제'를 열어 김만덕의 행적을 기리고 있답니다.

백두 낭자·한라 도령의 역사 인물 인터뷰

남편과 부인이 재산을 따로 관리했다고요?

김만덕님, 조선 시대에는 여자가 재산을 갖는 일이 흔하지 않았다는 이야기를 들었어요. 김만덕님처럼 특별한 경우를 제외하고는 대부분 여자들이 사회 활동에도 제약을 받았다고요. 사실인가요?

그래, 조선 중기가 되면서 아무리 부잣집 딸이라 하더라도 딸은 부모의 재산을 물려받기 힘들었어. 남자들만이 부모의 재산을 물려받아 자손 대대로 부자로 살았지. 그래서 경제력이 없었던 여자들은 어쩔 수 없이 잘사는 집에 시집가서 남편에게 순종하며 살아야 했어. 혹시라도 이혼을 하게 되면 먹고살 길이 막막했기 때문에 모진 시집살이도 참고 살아야 했지.

기근에 시달리던 수천 명의 목숨을 구한 김만덕의 초상화예요!

 휴우, 정말 억울했겠네요. 그런데 그러한 제약들은 옛날부터 있었던 건가요?

아니, 조선 시대 초반까지만 해도 그렇지 않았단다. 그 시대에는 딸도 아들과 똑같이 부모의 재산을 물려받을 수 있었고, 부모님의 제사도 지낼 수 있었거든. 딸이 아들의 몫을 충분히 했기 때문에 반드시 아들을 낳아야 한다는 생각도 크지 않았지. 또한 결혼해도 남편과 부인은 재산을 각각 따로 관리했단다. 예를 들어 노비가 귀중한 재산 중 하나였는데, 부인이 소유한 노비와 남편이 소유한 노비가 따로 있어서 이혼하게 되면 부인은 자신이 데려온 노비들과 재산을 모두 가지고 남편과 헤어졌단다.

 그렇군요. 요즘에도 여자들은 사업해서 성공하기가 쉽지 않은데, 여자에게 여러 가지 제약이 많았던 조선 시대에 크게 사업을 벌여 성공했던 김만덕님이 얼마나 화통하고 당찬 여성이었을지 상상이 되네요.

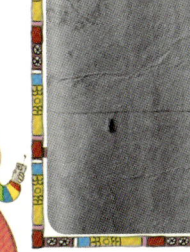
노비가 양반의 재산임을 나타내는 노비 문서예요!

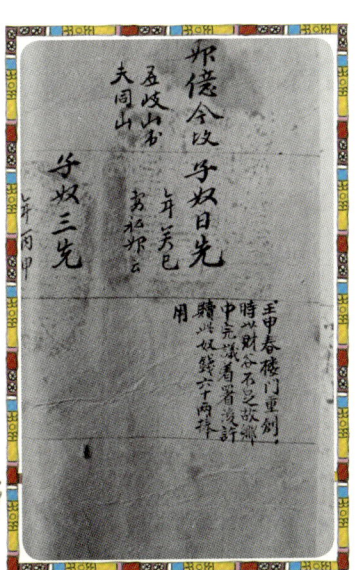

만주 벌판을 누비던 여자 독립투사
김마리아

3·1운동이 일어난 후, 일본은 독립투사들을 잡아내려고 혈안이 되었어요.

  "조금이라도 의심스러운 놈들은 모조리 잡아들여라! 일본 제국에 반기를 드는 놈들은 한 놈도 남김 없이 잡아 낼 테다."

일제의 압박 때문에 많은 독립투사가 사랑하는 조국을 등지고 러시아와 만주로 떠나갔어요. 하지만 조국의 독립을 포기할 수는 없었지요. 그래서 만주와 러시아에서는 새로운 독립운동 단체가 잇따라 만들어졌어요.

  독립운동 단체 중에는 일본군을 무찌르기 위한 군대도 있었는데, 그중에는 이범석 장군이 이끌던 '고려 혁명 결사단'이라는 군대도 있었어요.

  고려 혁명 결사단은 갑자기 예상치 못한 곳에서 일본 군인들을 공격했지요. 그래서 일본군은 이범석과 고려 혁명 결사단을 눈엣가시처럼 미워했어요.

  어느 날 새벽, 기회를 엿보던 일본군이 고려 혁명 결사단 진영에 들이닥쳤어요.

  "일본군이 쳐들어왔다! 사격 준비하라!"

"이범석을 잡아라! 조선 혁명군은 한 놈도 남기지 말고 죽여라!"

혁명군은 일본군에 맞서 치열하게 싸움을 벌였어요. 그런데 그 무시무시한 총탄 속을 뚫고 한 여자 군인이 창고를 향해 거침없이 달려가는 것이 아니겠어요?

망원경을 통해 이러한 상황을 지켜보던 이범석 장군은 깜짝 놀랐어요.

"아니, 저런! 저 여자는 누구인가?"

"김마리아 주임이에요. 그런데 무엇 때문에 총탄 속을 뚫고 창고로 달려가는 거지?"

"기밀문서를 꺼내러 간 거 같군. 그 문서가 일본 놈들의 손에 들어가면 우리 군대가 큰 타격을 입게 되니까."

"역시, 평소에도 용감하고 책임감이 강하더니……."

이범석 장군은 용감한 김마리아에게 반했어요.

1901년, 연해주에서 태어난 김마리아는 부모님 모두 한국 사람이었지만 국적은 러시아였어요. 그녀의 아버지는 마을의 촌장이었어요. 형제가 열다섯이나 되는 김마리아 가족은 목장을 운영하며 화목하게 살았지요. 그러다가 러시아에 공산혁명이 시작되자 김마리아 가족은 뿔뿔이 흩어졌어요. 그 기간 동안 죽은 형제도 있었고 생사를 알 수 없는 가족도 생기게 되었지요.

"마리아, 그런 어려움 속에서도 항일 투쟁을 위해 러시아에서부터 만주까지 온 당신이 나는 정말 자랑스럽소."

얼마 후, 고려 혁명 결사단 진영에서는 조촐한 결혼식이 열렸어요. 바로 이범석 장군과 김마리아의 결혼식이었지요. 둘은 부부로서, 독립운동의 동지로서 평생의 동반자가 되기로 약속했어요.

먼 타향에서 벌이는 독립 투쟁은 몹시 고달팠어요. 고려 혁명 결사단 단원들 역시 불타는 애국심으로 항일운동에 뛰어들었지만, 가난한 경제 사정 때문에 고통을 받았어요.

"마리아, 이대로 있다가는 일본 놈들을 몰아내기 전에 결사단이 먼저 흩어지고 말겠어. 무슨 좋은 수가 없을까?"

"여보, 저쪽 계곡 옆의 밭주인들이 마적 떼로부터 농작물을 지켜주고 농작물 수확을 책임져 줄 사람을 찾고 있어요. 일을 잘 해내면 큰돈을 벌 수 있어요."

"하지만 마적단을 상대하는 건 위험한 일이잖소. 목숨을 잃을 수도 있을 텐데……."

"걱정하지 마세요. 제 사격 솜씨라면 마적 따윈 문제없어요."

마리아의 쌍권총 쏘는 실력은 일품이었어요. 말을 달리며 총을 쏘아도 백발백중 목표물을 맞혔지요. 마리아의 쌍권총 솜씨를 안 마적들은 마리아가 지키는 밭 근처에는 얼씬도 하지 않았어요. 그뿐만 아니라 마리아는 익숙한 솜씨로 일꾼들을 지휘했어요. 그래서 다른 해보다 많은 농작물을 수확할 수 있었지요.

기분이 좋아진 밭주인은 수고비를 두둑하게 주었어요.

"여기 수고비요. 내 평생 이렇게 용감하고 당찬 여자는 처음이구려. 장정 열보다 훨씬 낫구먼. 허허."

이범석 장군과 김마리아는 받은 수고비를 보자기에 싸서 손에 들고 강을 건너기 시작했어요. 그런데 갑자기 불어난 강물에 마리아의 말이 물속으로 쑥 잠겨 버렸어요. 그 바람에 마리아도 거센 물결에 휩쓸렸어요.

"마리아! 마리아! 내 손을 잡으시오."

"사, 살려……."

쉴 새 없이 덮쳐 오는 거센 물결에 마리아는 그만 정신을 잃고 말았어요.

"마리아! 마리아!"

이범석은 간신히 부인의 손을 잡아끌고 물 밖으로 나왔어요.

얼마 뒤, 정신이 든 김마리아는 입을 열었어요.

"보, 보자기! 보자기는요?"

"이 사람아! 사람이 죽어 가는 판에 그게 뭐 그리 중요하다고 붙들고 있었소."

김마리아는 정신을 잃었으면서도 수고비가 들어 있는 보자기를 끝까지 놓지 않았던 거예요.

"총을 사려고 그랬지요. 총이 없으면 독립군이 독립운동을 어떻게 하겠어요?"

　김마리아는 남편과 함께 독립 투쟁의 선봉에 서서 목숨을 내걸고 싸웠어요. 그리고 이러한 두 사람의 눈물 어린 투쟁은 빛을 보게 되었지요. 1945년, 꿈에도 그리던 조국의 독립이 이루어졌거든요. 광복을 맞은 조국에서 이범석은 국무총리가 되었어요.

　"여보, 우리가 어떻게 지켜 낸 조국인지 아시죠? 독립 투쟁을 할 때처럼 이 나라를 위해 헌신해 주세요."

　"암, 여부가 있겠소."

　이범석은 최선을 다해서 일했어요. 이범석은 이승만이 대통령이 되도록 도왔어요. 하지만 얼마 뒤에 대통령이 된 이승만은 이범석을 의심하고 이범석을 따르는 세력들을 몰아내려고 했어요. 이 사실을 알게 된 김마리아는 이승만 대통령이 있는 경무대로 달려갔어요.

　"이 대통령, 이게 무슨 짓입니까! 지금껏 성실히 일해 온 사람을 정치 싸움으로 몰아내려 하다니 말이오!"

"말조심하시오!"

이승만 대통령은 자리에서 일어서며 소리를 쳤어요. 그러나 김마리아는 눈 하나 깜짝하지 않고 벌떡 일어서며 더 큰 소리로 말했어요.

"이런 식으로 해서야 나라가 제대로 돌아가겠소?"

김마리아는 조금도 굽히지 않았어요.

김마리아가 돌아간 후, 이승만 대통령은 주변 사람들에게 김마리아에 대해 이야기를 했어요.

"이범석보다 그 부인이 낫구먼."

그러나 이렇게 호기 찬 여장부 김마리아도 병 앞에서는 어쩔 수가 없었어요. 독립 투쟁 중에 일본 경찰에게 받았던 혹독한 고문 때문에 그녀의 몸은 병에 걸려 버렸거든요. 몸져누운 김마리아를 보며 이범석은 눈물을 흘렸어요.

"고려 혁명군 무장 투쟁 때 말을 타고 쌍권총을 쏘던 당신인데 어쩌다 이렇게 되었단 말이오. 흑흑."

결국 1970년에 독립투사 김마리아는 세상을 떠났어요. 하지만 만주 벌판을 누비며 독립군을 이끌던 김마리아의 굳센 정신은 지금도 우리 기억 속에 남아 있답니다.

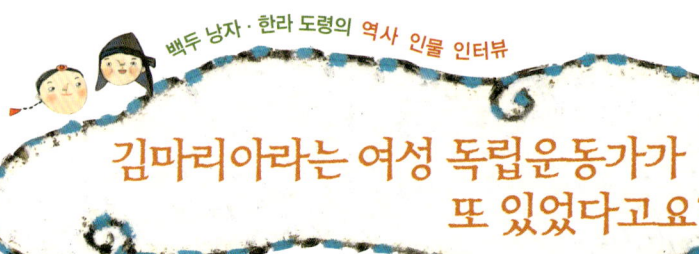

김마리아라는 여성 독립운동가가 또 있었다고요?

 김마리아 선생님! 우리나라에 선생님과 같은 이름의 여성 독립운동가가 또 있었다고 들었어요. 그분은 어떤 분인지 혹시 알고 계신가요?

당연히 알고 있지. 한국에서는 대한민국 애국부인회 회장으로 활동했고, 미국에서는 재미 항일여성운동 단체인 '근화회'를 조직해서 활동하신 훌륭한 여성 독립운동가이시란다. 그래서 1962년에는 건국훈장 독립장도 받으셨다지, 아마?

 아, 선생님의 말씀을 듣고 나니 그분의 업적에 대해 책에서 읽었던 적이 있었던 것 같아요.

그래. 너희가 대부분 알고 있는 여성 독립운동가 김마리아는 아마도 내가 아닌 그분일 거야. 나에 대해선 대부분의 사람이 잘 몰랐을 거야. 기껏해야 청산리전투로 유명한 이범석 장군의 아내라는 정도만 알고 있을걸?

그랬군요. 하지만 이름만 같을 뿐이지 출생연도나 출생지, 주요 독립운동 장소도 모두 다른데 너무 알려지지 않은 것 같아요. 어떻게 보면 그분보다 훨씬 더 많이 독립운동에 직접적인 영향을 끼치셨는데 말이에요. 어휴, 많이 서운하셨겠어요.

아니, 괜찮단다. 사람들이 알아주기를 바라고 했던 독립운동이 아니었으니깐 말이야.

하지만 독립운동을 하시다가 붙잡히셔서 수개월 동안 포로 생활도 하고, 수차례 고문도 당하셨다면서요. 그래서 나중엔 그 병 때문에 돌아가신 거라고 들었어요. 앞으로는 나라의 독립을 위해 애쓰신 두 명의 김마리아 선생님에 대해 모두 알고 함께 기리도록 해야겠어요.

김마리아의 남편인 이범석 장군이에요!

김마리아와 그녀의 외아들의 모습이에요.

"이봐, 방구석에서 끙끙 앓을 게 아니라 병원에 가자고."
"싫어요. 망측하게 남자 의사 앞에 몸을 보이는 짓은 못해요."
"내 참, 보구 여관에 새로 온 의사 소문 못 들었어?"
"신통하게 병을 잘 고친다는 여자 의사 말인가요? 하지만 보구 여관 의사들은 서양 사람이잖아요."
"서양 사람이 아니라 우리 조선 여자야. 살을 쨌다가 다시 꿰매는 솜씨가 귀신이 재주를 부리는 것 같다고 하더군."
"아니, 우리 조선 여자 중에도 그런 인물이 있었다니. 저 좀 일으켜 주세요. 당장 보구 여관으로 가요."

사람들이 입에 침이 마르도록 칭찬을 하는 보구 여관의 새 의사는 우리나라 최초의 여자 양의사 박에스더예요.

박에스더가 의사의 길을 걷게 된 것은 좀 독특한 가정환경 때문이었어요.

박에스더가 살던 개화기 때에는 우리나라에 많은 선교사가 들어왔어요. 이들은 기독교 사상을 전파하고, 신식 학교와 병원을 세워 조선 사람들을 치료하고 가르치는 데 힘을 쏟았지요. 박에스더의 아버지는 독실한 천주교 신자로 선교사들을 도우면서 자연스럽게 서양의 새로운 문물을 받아들일 수 있었어요.

"오늘부터는 이곳에서 생활하며 공부하도록 해라. 스크랜턴 선생님의 말씀을 잘 듣고 따라야 한다."

아버지의 손에 이끌려 이화 학당에 들어선 에스더는 너무나 무서웠어요. 파란 눈에 하얀 얼굴을 한 낯선 서양 사람이 자신을 뚫어지게 바라보고 있었으니까요.

'아버지는 어쩌자고 날 여기에 보내신 거야. 이곳은 서양 사람이 아이들을 살찌워서 잡아먹는 곳이라던데…….'

하지만 이러한 에스더의 막연한 두려움은 이화 학당에서 생활하면서 말끔히 사라졌어요. 오히려 에스더는 이웃을 돌보는 일에 몸과 마음을 다하는 스크랜턴 부인의 모습을 보며 조금씩 자신의 인생 목표를 정하게 되었지요.

'나도 커서 스크랜턴 부인 같은 사람이 될 거야. 하느님의 가르침을 몸으로 실천하는 훌륭한 사람이 될 거야.'

스크랜턴 부인은 이화 학당 안에 여자와 어린이를 위해 '보구 여관'이라는 병원을 열었어요. 그녀는 병든 조선 여자들이 남자 의사에게 몸을 맡길 수 없어 치료를 제대로 받지 못하는 것을 안타깝게 생각했지요.

박에스더는 보구 여관에서 일하던 여자 의사 홀 부인을 도와 병든 여자들과 아이들을 간호하게 되었어요.

홀 부인은 총명하고 맡은 일에 늘 최선을 다하는 에스더를 눈여겨보았어요.

"에스더, 제때 치료도 못 받고 죽어가는 저 여자 환자들을 좀 보렴. 조선에는 여자 의사가 필요해. 에스더라면 의사가 되어 저 사람들을 도울 수 있을 것 같은데."

홀 부인의 말에 에스더는 깜짝 놀랐어요.

"싫어요, 선생님. 전 피만 봐도 구역질이 나는걸요."

하지만 에스더의 머릿속은 온통 여자 의사 생각으로 가득 찼어요. 자신이 정말 의사가 될 수 있을지, 그 일이 정말 하느님이 원하시는 일인지 알 수가 없었거든요.

'하느님, 저는 불쌍한 사람들에게 당신의 사랑을 전하기로 약속했습니다. 만약 의사가 되어 그 사람들을 돕는 것이 당신의 뜻이라면 따르겠습니다.'

1895년, 마침내 박에스더는 남편 박유산과 함께 미국으로 가는 여객선에 몸을 실었어요. 의사의 꿈을 이루기 위해서였지요.

"아니, 동양에서 온 저 젊은 여자는 누구야?"

"의사가 되겠다고 조선이라는 곳에서 여기까지 온 여자래."

"여자 의사라고? 하하하. 미국 여자들도 쉽게 꿈꾸지 못하는 일을 저 조그만 동양 여자가? 용기 한번 대단하군!"

그 당시 미국에서는 여성들도 남성들처럼 정치에 참여할 수 있도록 투표권을 주어야 한다는 주장이 일고 있었어요. 이제 겨우 남녀평등의 바람이 불기 시작할 때였지요. 하지만 대부분 사람들도 의사는 남자의 일이라고 생각했어요. 여자 의사를 찾아보기 어려웠고, 여자에게 의술을 가르치는 학교도 흔하지 않았지요.

"여보, 제가 무사히 의학 공부를 마칠 수 있을까요? 자꾸만 자신이 없어져요."

에스더의 마음이 약해질 때마다 남편 박유산은 그녀에게 큰 위로가 되어 주었어요.

"당신은 조선 땅에서 병원 한번 가보지 못하고 죽어가는 불쌍한 여자들과 가난한 사람들을 살리기 위해 이 먼 곳까지 의술을 공부하러 왔잖소. 그것이 바로 하느님께서 당신에게 맡기신 사명이에요. 난 당신이 의사가 될 수 있도록 최선을 다해 돕겠소."

박유산은 농장에서 일하며 아내를 뒷바라지했어요. 남편의 격려 속에 에스더는 꿈에 그리던 볼티모어 여자 의과 대학에 입학했어요. 볼티모어 여자 의과 대학은 미국 최초의 여자 의사가 여자들에게 의학을 가르치려고 세운 학교였어요.

"여보, 제가 의과 대학에 합격했어요. 게다가 홀 부인의 도움으로 장학금까지 받게 됐지 뭐예요."

박유산은 뛸 듯이 기뻐하며 에스더를 껴안았어요.

"모든 게 다 잘 될 거예요. 난 당신을 믿어요."

늘 열심이었던 에스더는 실력이 점점 늘어갔어요. 마침내 모든 어려운 과정을 마치고 졸업이 눈앞에 다가왔을 때였어요.

"뭐라고요? 그이가 쓰러졌다고요?"

전화를 받은 에스더는 정신없이 농장으로 달려갔어요. 하지만 그녀가 도착했을 때는 이미 남편이 세상을 떠난 후였지요. 에스더는 하늘이 무너지는 듯했어요.

'여보, 조선으로 돌아가면 당신 몫까지 열심히 살겠어요.'

슬픔을 견디며 혼자서 조선으로 돌아온 박에스더는 보구 여관의 새로운 의사가 되었어요.

에스더의 소문이 퍼지자 아픈 여자 환자들이 물밀 듯이 밀려들었어요. 그녀는 보구 여관에서만 진료한 것이 아니라 나귀를 타고 다니며 직접 환자들을 찾아다녔어요.

"왜 모두 고양이 그림을 대문에 붙여 놓으신 거죠?"

콜레라가 한창 퍼지던 어느 해, 집집이 붙여 놓은 고양이 그림을 보고 에스더는 고개를 갸우뚱거렸어요.

"아이고, 의사 선생님이 그것도 모르십니까? 콜레라는 쥐 병 아

닙니까. 그러니 이렇게 고양이 그림을 그려 놓으면 쥐 병을 막을 수 있다니까요."

에스더는 기가 막혔어요. 대부분 사람들이 병을 막기 위해 깨끗이 생활해야 한단 건 모르고 미신만 믿고 있었거든요.

'병을 고치는 일만 해서는 안 되겠어. 사람들이 병에 걸리지 않도록 위생의 중요성을 알려야 해.'

에스더는 많은 일을 했어요. 병을 고치고, 위생 강연을 다니고, 여성들을 계몽하는 일에도 뛰어들었어요. 또 홀 부인과 함께 맹아 학교와 간호학교도 세웠어요. 남편에게 한 약속을 지키려는 듯 자신의 몸을 돌보지 않고 열 사람 몫의 일을 해냈어요.

"선생님 말이야, 저렇게 무리하다가 쓰러지시는 것 아닐까?"

"예끼, 이 사람아! 방정맞은 소리 그만해."

"하지만 소를 때려잡는 장정도 저렇게 일하다가는……."

주변 사람의 걱정대로 박에스더는 결국 폐결핵에 걸리고 말았어요. 그리고 의사가 되어 봉사를 시작한 지 10년 만에 아쉽게도 세상을 떠나고 말았지요. 하지만 박에스더의 헌신적인 봉사와 노력은 많은 사람에게 감명을 주었어요. 또한 같은 시대를 살아가던 여성들에게 훌륭한 본보기가 되었답니다.

백두 낭자·한라 도령의 역사 인물 인터뷰
조선 시대에도 여자 의사가 있었다고요?

 박에스더 선생님! 우리나라에서 서양의학을 처음으로 배운 여자 양의 사이셨다면서요? 축하드려요.

고맙구나. 하지만 우리나라에 여자 의사가 아예 없었던 것은 아니란다. 조선 시대에도 여자들의 치료를 맡았던 여자 의사들은 있었거든. '의녀' 또는 '여의'라고 불렀는데, 태종 임금 때에 처음으로 등장했지.

 정말이요? 조선 시대 때부터 있었던 여자 의사라……. 좀 더 자세히 이야기해주세요.

옛날부터 부인들은 병이 나도 남자의원에게 그 병을 보이고 싶어 하지 않아 죽는 경우가 많았단다. 그래서 태종 임금은 관청에 속해 있는 10~15살의 여자 노비 중 총명한 아이들을

종로의 현대 사옥에 남아 있는 제생원이 있던 터예요.

의녀로 뽑아 맥 짚는 방법과 침 놓는 법을 가르쳐 여자들을 치료할 수 있도록 했지. 조선 시대 의료기관인 '제생원'에서 교육했는데, 의녀들은 의술뿐 아니라 덕을 갖추기 위해 〈논어〉, 〈맹자〉 같은 유교 경전도 함께 배웠단다. 이때 성적이 좋은 의녀는 봉급을 받았지만, 성적이 나쁘면 관청에서 차를 끓이는 '다모'가 되었다가 후에 성적이 좋아져야 다시 의녀가 될 수 있었지.

 이야, 그랬군요. 그러면 의녀들은 환자를 치료하는 일만 했었나요?

아니, 궁중이나 사대부 집안의 여인이 죄를 지으면 그것을 수사하는 일도 했단다. 포도청의 남자 관리들은 함부로 사대부의 여인들을 만날 수 없었기 때문이야. 하지만 안타깝게도 의녀들은 출신이 대부분 노비였기 때문에 학식이 있고 의술이 높아도 그에 걸맞은 대접을 받지 못했었단다.

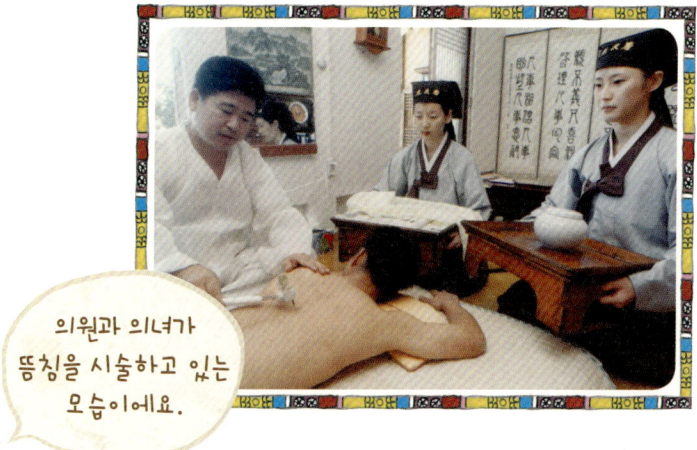

 의원과 의녀가 뜸침을 시술하고 있는 모습이에요.

1931년 10월, 최용신은 낯선 기차역에서 내렸어요. 맑은 가을 하늘이 용신의 기분을 상쾌하게 했어요. 기찻길을 따라 한 5리쯤 가자, 나지막한 산비탈 아래 작은 마을이 눈에 들어왔어요.

"저기구나, 샘골 마을!"

마을이 가까워질수록 최용신은 가슴이 콩닥콩닥 뛰었어요. 그녀는 YWCA(기독교 여성운동 단체) 파견으로 계몽 사업을 펼치기 위해 샘골 마을을 찾아가는 중이었거든요.

샘골 어귀에 들어선 최용신은 마음속으로 기도했어요.

"하느님, 제게 힘을 주세요. 샘골 마을 사람들을 사랑할 수 있도록, 그리고 그들을 개화된 세상으로 인도할 수 있도록요."

이러한 최용신의 기도는 사실 이미 오래전부터 시작되었어요.

"용신이가 이제 졸업이구나! 그래, 사회에 나가면 무슨 일을 할 생각이니?"

선생님은 최용신에게 큰 기대를 가지고 있었어요. 최용신은 어려운 가정형편 때문에 스스로 학비를 벌면서도 고등학교를 일등으로 졸업할 만큼 성실하고 총명한 학생이었거든요.

"저는 농촌으로 가겠어요. 농민들을 깨우쳐 그 사람들이 잘살 수 있는 길을 열겠어요."

모두 큰 도시로 나가서 출세하기를 꿈꿀 때, 최용신은 농촌으로 돌아가 농민들의 친구가 되기로 다짐했어요. 그리고 그러한 그녀의 꿈이 이제 이곳 샘골 마을에서 펼쳐지려는 거예요.

기대 반, 걱정 반으로 밤을 지새운 최용신은 다음 날부터 마을 사람들을 찾아다녔어요.

"여러분! 이 샘골 마을이 무지와 가난에서 벗어나려면 배워야 해요. 배우면 무엇이든 못 할 것이 없어요."

하지만 사람들의 마음은 쉽게 열리지 않았어요.

"에이, 촌사람이 배워 봤자지. 뭐가 달라지겠소?"

"이보게, 젊은 처녀. 우리는 조상 대대로 이렇게 살아왔어. 그래도 아들과 딸들 시집장가 다 보내고 잘만 살아왔다네."

마을 사람들은 젊은 처녀의 충고가 못마땅했어요.

"쳇, 새파랗게 젊은 여자가 뭘 안다고 우리를 가르치려 들어."

최용신은 마을 사람들이 쑥덕대는 소리에 마음이 아팠어요. 하지만 여기서 포기할 최용신이 아니었지요.

"좋아, 혼자서라도 시작해 보자! 그러면 사람들도 내 진심을 알아줄 거야."

최용신은 예배당을 빌려서 아이들을 가르치기 시작했어요.

"얘들아! 너희의 꿈은 무엇이니?"

"꿈이요? 쇠꼴 먹이러 안 가고 친구랑 날마다 노는 거요!"

"새 고무신을 갖고 싶어요!"

꿈이 무엇인지도 모르는 산골 마을 아이들은 마냥 신이 나서 떠들어 댔어요.

"너희는 샘골 마을의 희망이란다. 너희가 꾸는 꿈이 샘골 마을의 미래가 되고, 조선의 미래가 되는 거야."

아이들은 지금껏 들어 본 적 없는 이야기에 귀를 쫑긋했어요.

"너희가 배우고 깨치면 더 넓은 세상으로 나가서 너희의 꿈을 마음껏 펼칠 수 있단다."

최용신은 아이들의 마음속에 꿈을 심어 주었어요. 그러자 아이들은 몰라보게 달라졌어요. 한글, 성경, 산수, 노래, 미술 등 아이들은 가르치는 것은 무엇이든 놀라운 속도로 배워 나갔어요.

소문을 듣고 이 마을 저 마을에서 아이들이 몰려들었어요. 학생 수는 금세 오전반, 오후반, 야간반을 운영해야 할 만큼 많이 늘어났지요.

"우리 집 녀석이 요새 좀 달라진 것 같아. 어젯밤에도 글을 읽는다고 늦게까지 부스럭대더라고."

"그러게 말이야. 우리 애도 강습소인가 뭔가에 다닌 후로 눈빛이 달라졌다니까."

"그 젊은 여선생이 대단하긴 대단해."

마을 사람들은 최용신의 성실함과 열정에 서서히 마음의 문을 열기 시작했어요.

다음 해 한가윗날에 최용신은 주변 마을의 어른들을 모두 예배당으로 초대했어요. 모두 나들이옷으로 곱게 차려입고 샘골 마을로 모여들었지요.

"자, 지금부터 '어린이 놀이 학부형 위로회'를 시작하겠습니다."

무대에 올라온 아이들은 그동안 갈고 닦은 솜씨를 어른들 앞에서 마음껏 뽐냈어요. 노래와 춤을 추고, 진짜 배우처럼 맛깔스럽게 연극을 하기도 했어요. 똑 부러지는 목소리로 연설하는 아이들은 어찌 그리 맞는 소리만 하는지 감탄이 절로 나왔지요. 무대 위의 아이들은 마치 다른 사람 같았어요.

넋을 잃고 공연을 보던 어른들은 차츰 가슴이 뭉클해지기 시작했어요.

'그래, 누구든 배우면 저렇게 될 수 있구나.'

마을 사람들은 배움의 필요성을 깊이 깨닫게 되었어요.

"우리 아이들은 진흙 속에 묻힌 진주와 같습니다. 세계의 어느 나라 어린이에도 뒤지지 않는 좋은 머리와 재능을 갖고 있지요. 비록 우리 민족이 지금은 일본의 식민지가 되었지만, 아이들에게는 그런 아픔을 물려 주어선 안 됩니다. 아이들에게 배움의 기회를 주어 희망찬 앞날을 열어 가게 해야 합니다."

최용신의 주장은 이제 샘골 마을의 목표가 되었어요. 학교가 세워지고 아이들의 노랫소리와 글 읽는 소리가 그치지 않았지요. 샘골 마을 전체가 활기차고 희망이 넘쳤어요.

이제 최용신은 샘골 마을에서 없어서는 안 될 사람이 되었어요. 마을 사람들은 무슨 일이든 최용신과 상의하고 그녀를 따랐어요.

때때로 최용신을 질투하는 사람도 있었지만 금세 고개를 숙이고 말았어요. 그녀는 존경을 받으면 받을수록 겸손해졌고 마을과 아이들을 위해서 어느 누구보다 헌신적이었거든요.

또한 최용신은 학교에 나올 수 없는 아이들을 위해 오전반과 오후반 수업을 마치고 일일이 찾아다니며 글을 가르쳤어요. 밤에는 10리 길을 걸어가 이웃 마을 강습소에서 수업도 했고요. 하루 일을 모두 끝내고 집으로 돌아올 때면 어디선가 새벽 닭 우는 소리가 들리기도 했지요.

'아이들을 제대로 가르치려면 내가 더 배워야겠어. 선생이 제대로 되어야 아이들을 바르게 가르칠 수 있지.'

그래서 최용신은 일본에 있는 신학교로 유학을 떠났어요. 샘골 마을 아이들을 생각하면 한 자라도 더 배워야 했으니까요. 그렇지만 유학을 떠난 지 석 달 만에 병을 얻어 고향으로 돌아가야 할 형편이 되고 말았어요. 그동안 너무 무리를 한 탓이었지요.

"선생님! 보고 싶어요. 어서 샘골 마을로 돌아오세요."

"최 선생! 드러누워 있어도 좋으니 샘골 마을로 오시오."

마을 사람들은 최용신이 돌아오기를 손꼽아 기다렸어요. 최용신은 병약한 몸을 이끌고 다시 샘골 마을로 돌아왔어요. 그녀가 돌아오자 샘골 마을은 활기를 되찾았어요. 배움의 목소리는 더욱 높아졌지요. 그렇지만 그녀의 몸은 점점 더 시들어 갔어요. 결국 최용신은 과로로 쓰러져 치료를 받던 중 숨을 거두고 말았어요.

최용신의 죽음이 알려진 샘골 마을은 온통 슬픔으로 가득 찼어요. 어린아이에서 노인까지 최용신의 주검이 누워 있는 병실 앞에서 땅을 치며 통곡을 했지요. 그리고 이러한 최용신의 사랑과 헌신은 모두의 마음을 울려 소설이 되고, 영화가 되었어요.

사람들은 농촌 계몽을 위해 삶을 바친 최용신을 변함없이 푸른 나무인 상록수라고 부른답니다.

백두 낭자·한라 도령의 역사 인물 인터뷰

여자가 체조를 하면 집안 망신이었다고요?

 최용신 선생님, 우리나라 최초의 근대식 학교인 원산학사에는 남자만 들어가 공부했다고 들었어요. 그러면 여자들은 어디서 공부했나요?

1886년에 선교사인 스크랜턴 부인이 세운 '이화 학당'에서 공부했단다. 처음에는 여학생을 모으기가 무척 힘들었어. 딸을 교육시키려는 부모들이 없는 데다가 서양 사람에 대한 거부감 때문에 해괴한 소문만 떠돌았거든.

 네? 해괴한 소문이요? 어떤 소문이었는데요?

여학생들이 이화 학당에서 교육을 받고 있는 모습이에요.

서양 여자들이 여자아이를 데려다가 눈을 빼서 약을 만든다는 등의 말도 안 되는 소문이었지. 그래서 초창기에 이화 학당의 여학생 중에는 헐벗은 고아들이 많았단다. 입학하면 학비는 물론이고 학교에서 살면서 옷과 학용품까지 무료로 받으면서 공부할 수 있었거든.

 여학교에서는 어떠한 과목들을 주로 배웠었나요?

가르치던 과목은 국어, 수학, 한문 등 지금과 비슷했단다. 그런데 문제가 됐던 과목이 하나 있었는데, 바로 체육이었단다. 팔다리를 벌리며 체조하는 여학생들을 보고, 학부모들은 여자가 몸을 함부로 움직인다며 크게 반대하셨지. 집안 망신을 당했다고 가족회의를 열기도 했다는구나.

초기 이화 학당의 모습이에요.

우리나라 최초의 여자 기자
최은희

1918년, 한 여자 고등학교의 교실에서는 작문 수업이 한창이었어요.

"오늘은 지난 시간에 썼던 글을 발표하는 시간이다. 모두 장래에 자신이 하고 싶은 일을 써 왔겠지?"

선생님의 질문에 교실 안은 웅성거리기 시작했어요.

"자, 옆 짝이랑 쫑알대는 김말숙! 너부터 나와서 말해 봐."

"헤헤, 저는 장래에 신사임당과 같은 훌륭한 어머니가 되고 싶습니다. 자식들을 훌륭하게 잘 키워서 우리나라에 이바지할 것입니다."

"수업 시간에 그렇게 떠들면서 과연 가능할까?"

선생님의 농담에 교실 안은 금세 웃음바다로 변했어요.

"자, 다음은 이은실!"

"제 희망은 현명한 어머니이자 온순한 부인이 되는 것입니다. 집안을 평안하게 다스리고 가족을 위해 희생하는 것이 여자에게 맡겨진 가장 값진 사명이라고 생각합니다."

한 사람 한 사람 장래에 되고 싶은 소망에 대해 이야기해 나갔어요. 대부분의 학생이 좋은 어머니와 아내가 되어 가정에 헌신하고 싶다는 이야기를 했지요.

"자, 다음은 최은희! 앞으로 나와라."

"저는 선진국에 가서 공부를 더 하고 싶습니다. 우주선을 운행하는 위대한 과학자가 되어 가장 먼저 달나라를 여행할 것입니다. 또 화성에도 갈 것입니다."

교실은 순식간에 조용해졌어요. 모두 놀라 할 말을 잃은 것이지요. 그 누구도 그런 생각을 해 본 적이 없었거든요.

인간이 달나라에 최초로 발을 내디뎠던 때가 1969년인데, 그보다 50여 년 전에 어린 여학생이 이런 생각을 했다니 놀랍지 않나요? 그것도 여성은 현모양처가 되어야 한다고 가르치던 조선 땅에서 말이에요.

이 여학생의 꿈이 이루어졌느냐고요?

그렇지는 않아요. 우리나라 사람 중에 달나라에 가 본 사람은 아직 아무도 없으니까요. 그렇지만 이 여학생은 달나라에 가는 것 못지않게 흥미로운 삶을 살게 된답니다.

"대한 독립 만세! 대한 독립 만세!"

1919년 3월 1일, 한반도는 조선의 독립을 바라는 만세 물결로 뒤덮였어요. 사람들은 거리로 나와 감격의 눈물을 흘리며 목이 터져라 만세를 불렀어요.

그때, 길가에 서서 한가하게 담배를 피워 물며 만세 행렬을 구경하던 남학생이 있었어요.

"찰싹!"

갑자기 누군가가 그 남학생의 따귀를 때렸어요. 담배를 물고 있던 남학생은 깜짝 놀라서 자신을 때린 여학생을 쳐다봤어요. 최은희였어요.

"에라, 이 한심한 녀석아! 너는 조선인이 아니더냐?"

최은희가 다니던 '경성 여자 고등 보통학교'는 3·1 만세 운동에 참여한 유일한 여학교였어요. 최은희는 이 여학교에서 3·1 만세 운동을 앞장서 이끈 인물이었지요. 이 일로 최은희는 서대문 형무소에 갇혀야만 했어요.

"바른대로 말해! 누가 너더러 만세를 부르라고 시켰나?"

"누가 시켜서 한 게 아니에요. 만세 소리가 들려서 우리도 달려 나간 것뿐이라고요!"

무서운 일본 경찰 앞에서도 최은희는 기죽지 않고 대답했어요.

"요 맹랑한 계집애 봐라! 네가 다니는 학교 운동장에 독립선언서가 뿌려져 있었단 말이야! 누군가 만세를 주동한 자와 내통하고 있었다는 증거라고!"

사실 최은희는 민족 지도자 박희도 선생의 가르침으로 오래전부터 학교 안에 비밀 조직을 만들어 활동하고 있었어요. 3·1 만세 운동이 일어날 것도 미리 알고 준비하고 있었지요.

"전 모르는 일이에요!"

최은희는 끝까지 잡아뗐어요. 결국 일본 경찰들은 그녀로부터 원하는 대답을 얻을 수 없었어요. 하지만 그 일이 있고 나서 최은희에게는 '감시가 필요한 사람'이라는 꼬리표가 붙어 다녔어요. 동경 유학 중에도 최은희가 가는 곳에는 언제나 일본 경찰이 따라다녔지요.

'끈질긴 놈들, 어디 두고 보자. 반드시 독립을 이루어 네놈들의 코를 납작하게 해 줄 테다!'

독립의 꿈을 이루기 위해 최은희는 밤낮으로 공부에 매달렸어요. 최은희는 아이들에게 제대로 된 민족 교육을 하는 것이 독립의 지름길이라고 생각했어요.

'아이들에게 자신이 자랑스러운 조선인이라는 사실을 가르쳐야 해. 아이들의 가슴속에 애국심이 타올라야 뻔뻔스러운 일본 제국주의와 맞서 싸울 수 있지.'

최은희는 조국으로 돌아가면 교육에 힘쓸 것을 다짐했어요.

그런데 유학 중이던 최은희에게 자신도 예상치 못한 새로운 길이 열리게 되었어요. 그 길은 서울에서 온 한 통의 편지로부터 시작됐어요.

"은희야, 빨리 서울로 올라오렴. 네가 신문 기자가 되었단다. 〈조선일보〉에서 여자 기자를 찾는데, 내 남편이 너를 추천했어. 네가 그 일에 꼭 알맞은 사람이라고."

평소 친하게 지내던 언니인 허영숙의 편지를 받고 최은희는 어안이 벙벙했어요.

'기자라고? 여자 기자?'

이렇게 해서 뜻하지 않게 기자 생활이 시작되었어요. 취재를 하는 일도, 기사를 쓰는 일도 쉽지 않은 일이었지만 최은희는 늘 최선을 다했어요. 두둑한 배짱과 글 솜씨로 사회 구석구석을 누비며 흥미로운 기사들을 써냈지요. 그러던 어느 날이었어요.

"오늘 〈부인 견학단 여행기〉는 누가 썼나?"

신문사의 간부 한 사람이 편집국으로 들어와 퉁명스럽게 물어봤어요.

"제가 썼는데요?"

최은희는 뭐가 잘못된 건 아닌가 싶어 긴장된 표정으로 간부를 쳐다봤어요.

"음, 재밌게 잘 썼더군."

신문사 간부는 무뚝뚝하게 한마디 던지고는 나가 버렸어요.

최은희가 안도의 숨을 내쉬자, 이 모습을 지켜보던 편집국장이 웃으며 다가왔어요.

"최 기자, 한턱내야겠는걸? 저분의 칭찬은 대기자가 되었다는 합격증과 같다고."

최은희는 부끄러움을 감추며 생각했어요.

'그래, 신문을 통해 여자들을 계몽하고 가난한 사람들의 생활을 세상에 알리는 것도 민족 교육 못지않게 중요한 일이야.'

그녀는 자신이 우리나라 최초의 여자 기자라는 사실을 잊지 않았어요.

'난 조선 최초의 여자 기자야. 내 생활이 천만 여자들에게 도움을 주지 못한다면 아무런 가치가 없어. 그리고 남자 기자들에게 무시당하지 않으려면 그들보다 몇 배 더 열심히 일해야 해.'

최은희는 서울에서 가장 가난한 사람들이 사는 빈민굴, 마약 중독자들이 사는 아편굴 등 사회의 그늘진 곳들을 취재하고, 그 사람들의 비참한 생활을 세상에 알렸어요.

그뿐이 아니었어요. 여성들이 알아야 할 지식과 여성의 권리를 높일 수 있는 계몽 기사도 끊임없이 실었지요. 또한 기사를 쓰기 위해 맹렬 기자가 되어 동분서주 뛰어다니며 안 해 본 일도 없었어요.

몰래 취재를 하기 위해 어린 아기를 등에 업고 행랑어멈인 척하며 거리를 돌아다녔어요. 또한 생생한 취재를 위해 기생이 되어 보기도 했고, 우리나라 최초의 무선 전화 시험 방송에서 최초의 아나운서가 되어 보기도 했고요.

"최 기자, 이번에는 비행기를 탄다고? 그런 위험한 일을 왜 하

려고 해? 옜소, 여기 위로금!"

"하하, 위로금은 무슨 위로금이에요. 우리나라 최초로 서울 하늘을 나는 민간인이 될 텐데……. 최 기자는 좋겠소."

동료 기자들의 장난에 최은희는 웃음을 지었어요.

"고등학교 때의 제 꿈이 뭐였는지 아세요? 우주선을 타고 달나라 땅을 밟는 최초의 인간이 되는 거였어요. 달나라는 못 갔지만 비행기 타고 하늘을 나는 최초의 일반인이 되었네요."

그녀는 어렸을 적 꿈이 생각나서 살며시 미소를 지었어요.

이 밖에도 최은희는 '근우회'라는 여성단체를 조직해서 독립운동에 앞장섰어요. 또한 여학교에 여자 교장 모시기 운동, 어머니날 제정, 우리 전통 음식 계승을 위한 '식문화 연구회' 조직 등 이루 헤아릴 수 없는 왕성한 활동으로 여성의 지위를 향상시키는 데 크게 이바지했어요. 그리고 세상을 떠나기 전에는 평생 모은 재산을 〈조선일보〉사에 내놓으며 '여기자 상'을 만들어 달라고 당부했지요.

이러한 최은희의 뜻은 오늘날까지 이어져서 〈조선일보〉사에서는 해마다 가장 큰 공로를 세운 여자 기자에게 '최은희 여기자 상'을 수여하고 있답니다.

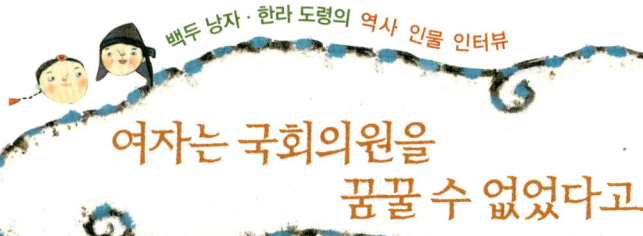

여자는 국회의원을 꿈꿀 수 없었다고요?

최은희 기자님, 1948년 5월 10일에 우리나라에서 최초로 치러진 국회의원 선거에 19명의 여성 단체 대표와 여성 지도자들이 출마했었다는 이야기를 들었어요. 계기가 무엇인가요?

시대가 바뀌고 여성의 사회활동이 활발해지기 시작하면서 여자도 정치에 참여해야 한다는 목소리가 높아지게 되었단다. 나라의 정책을 결정하는 데 여자들이 참여해야 여자에게 필요한 법을 만들고 집행할 수 있을 거라고 생각했기 때문이야. 여자들이 정치에 참여하는 것이 여성의 지위를 높이고 권리를 찾는 가장 좋은 방법이라고 생각했거든. 새로운 대한민국을 건설하는 데 여자도 한몫을 해야 한다는 사명감도 있었고.

아, 그런 면에서 국회의원 선거는 여성이 정치에 참여할 수 있는 더없이 좋은 기회였겠군요. 결과는 어땠나요?

한국 최초의 여 기자인 최은희예요.

안타깝게도 사회의 시선은 곱지 않았어. 여자가 나랏일을 이야기하는 것 자체가 해괴한 일로 받아들여졌거든. 가장 속상했던 건 여자들이 여자 국회의원 후보를 무시하는 일이 많았다는 거야. 여자가 뭘 안다고 국회의원을 하겠냐고, 남자를 뽑아야 나라가 제대로 굴러간다고 하면서 말이야. 그래서 결국 제1대 국회의원 선거에서 여성은 한 명도 당선되지 못했어.

 이런! 정말 안타까운 일이네요. 여자들을 위해 일할 수 있는 여성 대표가 세워지면 결국엔 자신들에게 좋은 일인데 말이에요.

그렇지. 그래도 다행인 것은 제2대 국회의원 선거에서는 박순천과 임영신 두 명의 걸출한 여성 국회의원이 탄생했다는 거야. 그리고 이때부터 여성이 정치 분야에서도 적극적인 활동을 펼치게 되었단다.

제2대 국회의원 선거에서 당선된 박순천, 임영신 여성 국회의원이에요.

우리나라 최초의 여자 변호사
이태영

1920년대 어느 겨울밤, 어린 태영은 호롱불을 켠 채로 공부에 열중하고 있었어요. 모르는 것을 하나하나 깨쳐 갈 때마다 마음속에 기쁨과 뿌듯함이 밀려왔지요.

그때, 호롱불 옆에서 바느질하던 어머니의 작은 한숨 소리가 들려왔어요.

"쯧, 공부해야 할 아들놈은 잠을 자고, 하지 않아도 될 딸년은 밤을 새우는구나."

무심코 내뱉은 어머니의 탄식에 태영은 화가 나서 소리쳤어요.

"딸자식은 공부 안 하는 게 좋다고 어머니가 구박하면, 하느님도 그렇게 생각하시냐고 물어볼 테야. 하느님도 그렇다고 하면, 난 구룡강에 치마 쓰고 빠져 죽을 거야!"

이 당찬 소녀가 바로 훗날 우리나라 최초의 여자 변호사가 되는 이태영이에요.

이태영은 어려서부터 남자와 여자가 다른 대접을 받는 것을 이상하게 여겼어요.

'왜 아들이 태어나면 집안의 경사라고 좋아하면서 딸이 태어나면 섭섭해하는 거지?'

'왜 오빠는 자기 부인을 종처럼 부려 먹는 거지?'

당시 우리나라에는 '남존여비' 사상이 뿌리 깊게 자리 잡고 있었어요. 남존여비란 남자는 귀하고 여자는 천하다는 생각이에요.

"태영아, 그렇게 책을 읽어서 무엇에 쓰려고 그러니?"

태영이가 옆구리에 책을 끼고 지나갈 때마다 동네 어른들은 걱정스럽다는 듯 물었어요.

"변호사가 될 거예요. 그래서 억울한 일을 당한 여자들을 도와줄 거예요."

"아이고, 큰일 날 소리! 여자는 그저 남편 잘 만나서 시집가는 게 최고야. 너무 배워서 똑똑하면 시집에서 쫓겨나기 십상이지."

어른들이 태영을 말릴수록 태영의 결심은 더욱 굳어졌어요.

'반드시 변호사가 되어 여자들도 마음껏 공부하고 남자들과 똑같이 대접받는 세상을 만들 거야.'

학교에 들어간 이태영은 한 번도 일등을 놓치지 않았어요. 꿈을 이루려면 공부를 해야 했고, 공부를 하려면 장학금을 받아야 했기 때문이에요. 이태영의 집안은 학비를 대어 줄 만큼 넉넉하지 못했거든요. 비록 형편은 어려웠지만, 그녀는 늘 똑부러지게 자신의 몫을 해냈어요.

하지만 변호사의 꿈을 이루기란 쉽지가 않았어요. 그 시절 우리나라에는 여자가 법을 공부할 수 있는 곳이 없었거든요. 외국으로 유학을 가야 했지만 학비를 마련할 수 없었고요. 게다가 일본에 나라를 빼앗긴 상황이라 이태영은 독립운동을 하던 남편 대신 혼자 힘으로 가정을 꾸려야 했어요.

나이 든 시어머니와 세 명의 어린 자식, 감옥에 갇혀 있는 남편의 옥바라지까지, 하루하루 고되고 힘든 생활이 계속되었어요. 그래도 이태영의 머릿속에서 떠나지 않는 생각은 오직 하나였어요.

'지금은 형편이 어렵지만 언젠가는 다시 공부를 시작할 거야. 꼭 법률 공부를 할 거야.'

궤짝 속에 숨겨 둔 법률 책을 꺼내 보며 이태영은 다짐하고 또 다짐했어요. 그리고 이렇게 법률 공부를 하겠다는 소망은 그녀가 결혼 한지 꼭 10년 만에 이루어졌어요. 광복을 맞은 뒤, 여자로서는 최초로 서울 대학교 법과 대학에 들어갔으니까요. 그것도 서른두 살의 아주머니 학생으로 말이지요.

"누님, 쉬는 시간마다 도

대체 어디를 그렇게 다녀오시는 겁니까? 뭐 맛난 거라도 숨겨 놓으셨습니까?"

"아니, 그냥 잠깐 볼일이 좀……."

이태영이 쉬는 시간마다 달려가는 곳은 기숙사 뒤 코스모스 밭이었어요. 그곳에는 갓 태어난 넷째 딸이 시어머니의 품에 안겨 있었지요.

"아가야, 빨리 젖 먹으렴. 엄마는 또 가야 해."

아기 엄마 노릇 하랴, 집안 살림하랴, 공부하랴, 이태영은 몸이 열 개라도 모자랄 판이었어요. 꿈에 그리던 법률 공부를 시작했지만, 제대로 공부를 따라갈 수가 없었지요.

결국 첫 번째 사법 시험에서 이태영은 보기 좋게 떨어지고 말았어요. 사법 시험은 판사나 검사, 변호사가 되기 위해서 치르는 시험이에요. 열심히 공부해도 합격하기 어려운 시험이지요.

'아, 난 정말 안 되는 걸까? 꼭 법을 공부해서 어려운 처지에 있는 여자들을 돕고 싶었는데…….'

이렇게 실의에 빠져 있을 때, 이태영에게 위로가 되어 준 것은 남편이었어요.

"조급해하지 마오. 당신은 꼭 시험에 합격할 테니까. 이제부터

집안일은 신경 쓰지 말고 방을 따로 얻어 공부에만 열중하구려."

 남편과 가족의 따뜻한 배려로 이태영은 마침내 1952년 1월 21일, 여자로서는 최초로 사법시험에 당당히 합격하게 되었어요. 그러나 합격의 기쁨도 잠시였어요. 이해할 수 없는 일이 벌어지고 말았거든요.

 "아니, 여자는 판사가 될 수 없다니요! 도대체 그런 법이 어디에 있습니까?"

 사법 시험에서 좋은 성적을 얻은 이태영은 판사가 될 거라 믿고 있었어요. 그러나 이승만 대통령은 이태영이 판사가 되는 걸 반대했어요. 여전히 사람들은 여자 판사를 미덥지 않아 했던 거예요.

 '이대로 주저앉을 수는 없어! 변호사가 될 테야. 불행한 여자들을 돕는 게 내 꿈이었잖아.'

 이태영은 자신의 집 안방에 변

호사 사무실을 차렸어요. 이 사실이 알려지자, 각지에서 억울한 사연을 가진 여자들이 물밀 듯이 찾아왔어요.

"남편과 결혼해서 죽도록 일만 했어요. 그런데 아들을 못 낳는다고 돈 한 푼 없이 쫓겨나고 말았어요."

"아이들이 너무 보고 싶어요. 흑흑. 이혼당한 것도 억울한데 아이들까지 못 보게 하니 난 어쩌면 좋아요?"

듣는 사연마다 기가 막히고 가슴이 아파서 이태영은 상담하는 여자들을 붙들고 눈물을 흘렸어요. 어머니나 언니처럼 억울한 여자들을 품에 안고 따뜻한 위로가 되어 주었지요.

'이곳에 온 여자들은 그나마 다행이지만 돈이 없어서 법의 보호를 받지 못하는 여자들이 이 땅에 얼마나 많을까? 그래, 내 한 몸 잘 먹고 잘살자고 변호사가 되어선 안 돼.'

이태영은 여성 단체와 손을 잡고 무료로 법률 상담을 해주는 '여성 무료 법률 상담소'를 차렸어요. 또한 시간이 없어 법률 상담을 받을 수 없는 여자들을 위해 '이동 법률 상담소'를 운영하기도 했지요. 그러나 이런 이태영의 진심을 세상 사람들은 알아주지 않았어요. 오히려 그녀를 비웃었지요.

"이태영이 무료 상담소를 차렸다는데?"

"여자 변호사라 사람들이 안 찾아오니까 괜히 무료 상담이니 뭐니 해서 사람들을 끌어모으려는 수작이지."

하지만 세상 사람들의 비웃음에 뜻을 굽힐 이태영이 아니었어요. 이태영은 많은 여자들과 상담하면서 우리나라 가족법이 여자에게 불리하다는 것을 알게 되었어요.

그 당시 법에는 부부가 함께 모은 재산이라고 해도 이혼할 때는 남자가 더 많은 재산을 가져가게 되어 있었어요. 그래서 이혼한 여성들은 가난해질 수밖에 없었지요. 또 이혼하면 어머니는 부모로서의 권리가 없어져서 아이가 보고 싶어도 볼 수 없는 경우가 많았어요. 이태영은 뜻 맞는 사람들과 대법원장을 찾아가 잘못된 법을 고쳐야 한다고 주장했어요.

"법 앞에선 남자와 여자가 모두 평등해야 합니다. 남자에게만 유리한 법을 고쳐야 여자들도 기를 펴고 살 수 있어요."

"법조계 초년생인 주제에 건방지게 법을 고치려고 해? 다른 여자들은 불평 한마디 없이 살고 있는데 왜 당신만 난리를 치나? 가서 치마 입고 여자 노릇이나 제대로 해!"

대법원장의 호통에 이태영은 다리가 후들거리고 눈물이 쏟아졌어요. 하지만 싸움을 멈출 수는 없었어요.

마침내 가족법은 여러 차례에 걸쳐 바뀌었고, 2005년에는 호주 제도도 없어졌어요. 여성에게 불리한 법들을 바꿔야 한다고 이태영이 주장한 지 52년 만의 일이에요.

여성들의 권리와 행복을 위해 일생을 바친 이태영. 그녀는 자신의 삶에 대해 이렇게 이야기했다고 해요.

"그것은 숙명적으로 나에게 주어진 사명이었어요. 우리나라 역사상 첫 여자 변호사가 되었을 때부터 말이지요. 그건 이태영이 아니라 누구라도 마찬가지였을 거예요."

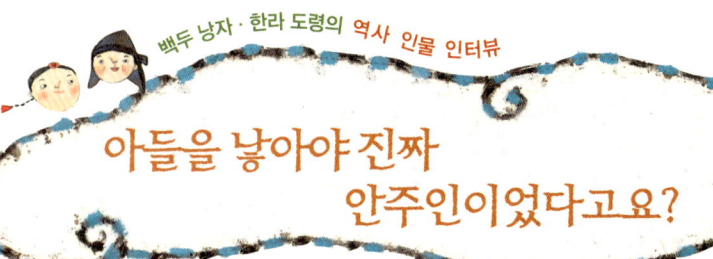

아들을 낳아야 진짜 안주인이었다고요?

이태영 박사님! 박사님께서는 여학교 시절에 웅변대회에서 많은 상을 받으셨다면서요? 그런데 매번 웅변대회 때마다 주장하셨던 내용이 '딸과 아들을 차별하지 말자!' 였다고 들었어요. 주제가 참 재미있네요.

내가 그런 주장을 했던 것은 단순히 재미를 위한 것이 아니었단다. 아들을 낳으면 집안의 경사이지만 딸을 낳으면 섭섭해 했던 것이 당시 사람들의 마음이었거든. 그래서 똑같은 자식이 성별이 다르다는 이유로 다른 대접을 하면 안 된다는 뜻으로 그랬던 거란다.

아, 그랬었군요. 왜 모두 아들을 중요하게 여기고 아들 낳기만을 바랐을까요?

가장 큰 이유는 아들이 없으면 대가 끊긴다는 생각 때문이었어. 딸은 결혼하면 남의 집 사람이 되고 아들은 조상 대대로 이어온 가문을 계승한다고 여겼거든. 그러니 시집간 여성들의 가장 중요한 일은 아들을 낳는 일이 될 수밖에 없었지. 아들을 낳지 못한 여자들은 깨끗이 목욕을 하고 '아들 바위'에 가서 아들을 낳게 해달라고 몇 년씩 빌기도 했어. 또 돌부처의 코를 갈아서 그 돌가루를 물에 타서 마시기도 했고. 그렇게 하면 아들을 낳을 수 있다고 믿었기 때문이지. 또 아들을 낳으면 금줄에 고추를 매달아 걸어 놓았는데, 아들을 낳지 못한 여자들은 남의 집 금줄에 매달린 고추를 훔치거나, 그 금줄을 끓여 물을 마시기까지 했단다.

 말도 안 돼요! 그런 방법들은 모두 미신이잖아요.

그렇지. 하지만 당시 여자들은 아들을 낳기 위해서 무슨 일이든 해야 할 만큼 절박했단다. 아들을 낳지 못한 며느리는 죄인이 되어 쥐 죽은 듯 살아가야 했으니 말이다. 심지어는 쫓겨나기도 했거든. 반대로 아들을 낳은 며느리는 가족 사이에서 지위가 높아졌지. 아들을 낳아야지만 아내로서, 어머니로서 권위를 인정받고 집안의 진정한 안주인이 될 수 있었단다.

 강원도 주문진에 있는 아들 바위예요~!

교과가 튼튼해지는
우리 것 우리 얘기

우리나라의 역사를 빛낸 위대한 여자들의 이야기, 잘 읽어 보셨나요?

원시 시대부터 시작하여 세상은 계속 변하고 있어요. 하지만 변한다고 모두 발전만 거듭했던 건 아니지요. 삼국 시대나 고려 시대에는 그렇지 않았지만, 조선 시대에는 여성에 대한 차별이 심했거든요. 다행히도 개화기 이후에 그러한 불평등에서 벗어나고자 했던 우리나라 여성들의 끊임없는 노력이 있어서 지금에 이를 수 있게 된 거지요.

오늘날 우리나라 여성들은 어떻게 살고 있는지, 여성의 지위는 어떻게 변하게 되었는지, 한번 들어볼까요?

오늘날 대한민국 여성들은 어떻게 살고 있을까?

정치, 경제, 사회 등 여러 분야에서 우리나라 여성의 참여와 활동이 확대되고 있어요. 여성의 장점을 살려 능력을 발휘함으로써 사회 발전 및 여성의 권익이 크게 높아졌거든요. 하지만 아직도 여성에 대한 인식이나 대우는 남성보다 상대적으로 낮은 것이 현실이에요. 여성과 남성은 서로 차별이 아닌 차이를 인정하고 존중하며 어울려 살아가야 해요. 그럼 여성을 위한 제도와 사회 분위기가 오늘날엔 어떤 모습으로 변했는지 알아볼까요?

출산휴가

출산을 앞두거나 출산한 여성 근로자와 아기의 건강을 위해 출산 전후를 통해 일정 기간 월급을 받으며 쉴 수 있도록 보장해주는 제도예요. 기간은 최대 90일까지 보장이 된답니다.

여성의 인권 보호를 위해 때로는 시위를 벌이기도 했어요.

 활발한 경제 활동과 가사분담

요즘에는 많은 여성이 직업을 가지고 있어요. 통계를 보면 우리나라 전체 여성 중 약 50%가 직업을 가지고 있다고 해요. 또 의사나 변호사 같은 전문직 여성의 수도 점점 늘어나고 있고요.

이렇게 다양한 영역에서 능력을 펼치는 여성들이 많아지면서 여성에 대한 생각도 점점 바뀌고 있지요. 하지만 아직도 가사 노동은 그 가치를 인정받지 못할뿐더러, 당연한 여성의 몫으로 여겨지고 있어요. 가사 노동은 빨래나 청소, 음식 만들기뿐 아니라 가족들을 돌보고 위로하는 정서적인 일까지 모두 포함이 되지요. 여성이 혼자서 다 하기에는 어려운 일이에요. 특히 사회활동을 하는 여성이라면 더욱 힘이 들지요.

더욱 건강한 가정을 만들기 위해 가사분담에 대한 생각이 변해야 해요. 집안일을 가족 구성원 전체의 노력과 도움으로 나누도록 해요.

똑같이 밖에서 일하는 만큼 집안일도 함께 해야 해요!

아이들이 집안일 돕기를 배우고 있어요!

호주제의 폐지

2005년 호주제 폐지 법안이 국회에서 통과되었어요. 그리고 2008년 1월부터 호주 제도가 없어지게 되었지요. 호주가 뭐냐고요? 호주는 집안의 가장을 말해요. 호주제가 불합리했던 이유는 호주는 남자만 될 수 있었기 때문이에요.

그래서 여자들의 호주는 처음에는 아버지였다가 결혼하면 남편, 남편이 죽으면 아들이 되어왔지요. 아들이 아무리 어려도 남편이 없으면 아들이 집안의 가장이 되었던 거예요.

문제는 부부가 이혼했을 경우예요. 아이들의 호주는 아버지였기 때문에 엄마는 법적으로 아이들과 아무 상관 없는 사람이 되었지요. 그러나 이제 법이 바뀌면서 여성도 자녀에게 자신의 성을 물려줄 수 있게 되었답니다.

2008년 1월 1일부터 호주제가 폐지되고 가족관계등록제도가 생겼답니다!

호주제 폐지 법률안이 통과되는 순간이에요.

 세계 여성의 날

1908년 미국의 섬유 공장에서 만 오천여 명의 여성 노동자들이 무장한 경찰들에 맞서 뉴욕 거리를 행진했어요. 여성에게도 선거권을 줄 것과 열악한 작업 환경의 개선, 임금 인상 등을 요구하면서요. 이를 기념하고자 독일의 노동운동가인 클라라 제트킨이 '세계 여성의 날'을 제창하여 1910년 3월 8일에 법으로 만들어지게 되었지요.

이후 각 나라에서 여성의 지위를 높이고 가난을 없애기 위해 활발한 운동을 펼쳤어요. 여기에 국제적인 연대 운동도 더해졌고요. 그래서 1975년, 유엔에서는 이날을 국제기념일로 선포하게 되었지요.

나라마다 매년 기념 대회가 열리는데, 우리나라에서도 1984년부터 매년 3월 8일을 전후로 한국여성대회가 열리지요. 이때 기념식과 여성 축제, 거리 행진, 여성 문화제 등의 다양한 행사를 하고 있답니다.

세계 여성의 날을 기념하기 위해 우리나라에서 열린 행사의 모습들이에요.

〈오십 빛깔 우리 것 우리 얘기〉 시리즈
권별 교과 연계표

 국어   사회   과학   도덕   음악   미술
 체육   실과  바른 생활  슬기로운 생활   즐거운 생활

- 신 나는 열두 달 명절 이야기   사 3-2   사 5-1   사 5-2   슬 1-2
- 관혼상제 재미있는 옛날 풍습   국 1-2   국 4-1   사 3-2   사 5-2
- 조상들은 어떤 도구를 썼을까   국 2-2   사 3-1   사 5-1   사 5-2
- 옛날엔 이런 직업이 있었대요   국 5-1   국 6-2   사 3-1   사 4-2
- 꼭 가 보고 싶은 역사 유적지   국 4-1   국 4-2   사 6-1   사 6-2
- 신토불이 우리 음식   국 3-1   사 3-1   사 5-1   사 6-2
- 어깨동무 즐거운 우리 놀이   국 4-1   사 5-2   체 4   즐 2-2
- 나라를 다스린 법 백성을 위한 제도   사 3-2   사 4-1   사 6-1   사 6-2
- 하늘을 감동시킨 효자 이야기   도 3-1   도 5   바 1-1   바 2-2
- 오천 년 지혜 담긴 건물 이야기   국 4-1   국 4-2   사 5-1   사 5-2
- 세계가 놀란 발명 이야기   국 3-1   국 5-2   사 3-1   사 5-2
- 빛나는 보물 우리 사찰   국 4-1   사 6-2   바 2-2
- 나라의 자랑 국보 이야기   국 5-2   사 6-1   사 6-2   바 2-2
- 나라를 지킨 호랑이 장군들   국 4-2   사 6-1   사 6-1   바 2-2
- 오천 년 우리 도읍지   국 4-1   사 5-2   사 6-1
- 하늘이 내린 시조 임금님들   국 6-2   사 5-2   사 6-1   바 2-2
- 옛날 관청과 공공시설   사 3-1   사 3-2   사 6-1   사 6-2
- 옛사람들의 우정 이야기   국 4-1   국 6-2   도 3-1   바 1-1
- 얼쑤 흥겨운 가락 신 나는 춤   국 6-1   국 6-2   사 3-1   음 3
- 아름다운 독도와 우리 섬   국 2-1   국 4-1   국 5-2   사 4-1
- 오천 년 우리 강 이야기   사 3-2   사 5-1

- 생명의 보물 창고 우리 생태지 국 2-1 국 4-2 사 6-1 과 5-2
- 우리가 지켜야 할 천연기념물 국 2-1 과 3-2 과 4-1 과 5-2
- 놀라운 발견 생활의 지혜 국 2-1 국 2-2 사 3-1 사 5-1
- 옛사람들의 교통과 통신 사 3-2 사 4-1 사 5-2
- 민족의 영웅 독립운동가 국 6-2 사 6-1 바 2-2
- 교과서 속 우리 고전 국 3-1 국 4-2 국 5-1 국 6-2
- 우리 국토 수놓은 식물 이야기 국 1-1 국 5-1 과 4-2 바 1-2
- 우리 조상들의 신앙생활 국 5-2 사 3-2 사 5-2 사 6-1
- 안녕 꾸러기 친구 도깨비야 국 2-2 국 3-1 국 4-1 사 3-2
- 빛나는 솜씨 뛰어난 재주꾼들 국 4-2 사 6-1 음 4 미 3, 4
- 아름다운 궁궐 이야기 국 4-1 사 6-1 미 5 바 2-2
- 전설 따라 팔도 명산 국 2-1 국 2-2 사 5-1 음 6
- 방방곡곡 우리 특산물 사 3-1 사 4-1 사 5-2
- 수수께끼를 간직한 자연과 문화 국 4-1 사 5-2 바 2-2
- 알쏭달쏭 열두 띠 이야기 국 3-1 사 3-2 사 5-2 사 6-1
- 천하제일 자린고비 이야기 국 6-2 사 4-2 도 5 실 5
- 본받아야 할 우리 예절 국 3-2 도 4-1 도 5 바 2-1
- 이야기가 술술 우리 신화 국 1-2 국 6-2 사 3-2 사 5-2
- 머리에 쏙쏙 선조들의 공부법 국 3-1 국 4-1 국 4-2 도 4-1
- 역사를 빛낸 여자의 힘 사 6-1 바 2-2
- 신명 나는 우리 축제 사 3-1 사 3-2 사 4-1 사 5-1
- 우리가 알아야 할 북한 문화재 국 4-1 사 5-1 바 2-2
- 조상들의 지혜 전통 의학 국 5-1 국 6-2
- 멋스러운 옛시조 흥겨운 우리 노래 국 3-1 국 4-1 국 5-1 국 6-1
- 큰 부자들의 경제 이야기 사 3-2 사 4-2 사 5-2 슬 2-2
- 정다운 우리나라 동물 이야기 국 2-1 국 2-2 국 6-1 과 3-2
- 멋스러운 우리 옛 그림 국 4-2 사 6-1 미 3, 4 미 5
- 봄 여름 가을 겨울 24절기 사 5-1 사 6-1 과 6-2 슬 6-2
- 나누는 즐거움 우리 공동체 도 4-1 바 2-2

오십 빛깔 우리 것 우리 얘기 41
역사를 빛낸 여자의 힘

초판 1쇄 인쇄 | 2011년 11월 16일
초판 1쇄 발행 | 2011년 11월 21일

글쓴이 | 우리누리
그린이 | 이선주

발행인 | 김우석
편집장 | 신수진
편집 | 최은정, 이정은
마케팅 | 공태훈, 김동현, 이진규

디자인 | SU
인쇄 | 성전기획

발행처 | 중앙북스
등록 | 2007년 2월 13일 제 2-4561호
주소 | (100-732) 서울시 중구 순화동 2-6번지
편집문의 | (02)2000-6324
구입문의 | 1588-0950
팩스 | (02)2000-6174
홈페이지 | www.joongangbooks.co.kr

ⓒ 우리누리 2011

ISBN 978-89-278-0135-1 14800
      978-89-278-0092-7 14800(세트)

이 책은 중앙북스(주)가 저작권자와의 계약에 따라 발행한 것이므로
이 책 내용의 일부 또는 전부를 이용하려면 반드시 중앙북스(주)의 서면 동의를 받아야 합니다.

- 많은 사람이 최선을 다해 만든 책입니다.
  그러나 혹시라도 잘못된 내용이 있으면 편집부로 연락바랍니다.
- 잘못 만들어진 책은 구입하신 서점에서 교환해 드립니다.
- 주니어중앙은 중앙북스의 어린이 책 브랜드입니다.

＊주니어중앙 카페에서 이 책과 관련된 독후활동 자료를 무료로 다운 받으실 수 있습니다.
　http://cafe.naver.com/jbookskid